五行推命

自分を知る開運術

古木千凡
Chibon Furuki

お読みいただく前に

「五行推命」を皆様に知っていただくのが願い

私はご相談者の悩みや願いなどをお聞きし、鑑定結果をもとに開運のお手伝いをさせていただいております。

その中で、人が真の幸福を得るということは、その人が本来の自分と出会って、自己実現をすることから始まると感じるように思います。

この本を手にしていただいた方や占いを利用される方は、きっと数ある占いの中において、的中率の高いことで知られる四柱推命をご存知だと思います。四柱推命は、過去と現在を読み解き、未来を語る運命学ですが、星の算出や、結果の読み取り方法など、その鑑定は難解であることでも知られています。

「五行推命《ごぎょうすいめい》」は、四柱推命による鑑定の基本になる、自分の「命式《めいしき》」を陰陽五行の原理に基づいて、「五行図《ごぎょうず》」という簡単な図式に落とし込み、誰にでもわかりやすくしたものです。

五行図を作成すれば、自分には何が優れていて何が足りないのかを、誰にでもとてもわかりやすく判断ができます。

しかも五行図の作成には、計算したり表を読み解いたり面倒なことは何もありません。作成に必要なものは、お手元のスマホ（スマートフォン）だけです。

占いを活かすことによって、人がこの世に生を授かった瞬間から持っている性格や能力、素質を知ることができ、その可能性や才能などを知った上で努力の方向や問題解決の道を早期に見出すことができます。

私の心の師である、吉田松陰がその原点を伝えています。

幕末期のわずか1年半余りの間に松下村塾を開き、身分や階級にもとらわれず、塾生を受け入れ、明治維新の原動力となった伊藤博文・高杉晋作など数々の偉人を育てました。

その原点とは、『賢愚《けんぐ》ありと雖《いえど》も各々《おのおの》一二の才能なきはなし湊合《そうごう》して大成する時は必ず全備する所あらん』と。

人には能力の違いはあるけれども、誰にでも長所はあるものである。その長所を

伸ばしていけば必ず立派な人になれるであろうと述べているのです。（格言・吉田松陰）

この本をしたためるに当たり、将来の目的を定めて、自分の長所を伸ばし、これを成し遂げようとすることこそが、人生の原点であると思います。生きていく上で、自分には何が足りないのかではなく、今、与えられているものをどう活かすかということがとても大切なことだと思います。その原点を探るのに役立てていただくことができるのが、この本であれと願います。

この一冊の本が、あなたの心を動かすきっかけとなっていただけることを願っています。自分の本質を知る……。ここからが人生の始まりです。

Chibon

自分を
知る

Contents

第3章

命式表

第4章

日干解説

第5章 変通星解説

第6章 十二運解説

第9章 四柱の形式……155

第10章

第11章

流年の吉凶判断

第12章 吉凶星の判断

第1章

安田式五行推命と五行図

「五行推命」というのは、四柱推命の三大流派の一つです。その五行推命を生み出したのは、昭和の天才推命家、初代・高木乗《たかぎじょう》先生です。その弟子の一人であった安田靖先生が、高木先生の頭の中で展開されている五行のイメージを、24ページの図②のように図形として考案したのが、「安田式五行推命」の始まりです。それまでは、他流派と同様、次ページの表①のように、命式表というのを作り、その表を頼りに推命をしていたのですが、推命に最も重要な五行のバランスを、図にするという映像化に成功しました。これにより、難解といわれていた四柱推命が、誰にでも理解しやすいかたちに進化し、相談者の様子が一目でわかるようになりました。

この五行図を使って推命をすることを「安田式五行推命」といいます。

高木先生は、その人の体内時計といわれている「大運《だいうん》」という運の流れの取り方、命式の中で重要視する天と地のポイント、陰と陽で判断を異なるとする星の解釈など、独自の四柱推命哲学を弁証論的に構築されていきましたが、その哲学は、「安田式五行図」とともに、安田靖先生から現在の五行推命家たちに引き継がれ、研究、研鑽《けんさん》がなされています。

それでは、安田式五行図がどれだけわかりやすいか、事例を一つご紹介しましょう。

事例　スティーブ・ジョブズ氏

四柱推命は、古代中国の黄帝即位式の日から生まれた独特の六十進法である、六十干支の循環による暦を使います。毎年、毎月、毎日、毎刻（一刻は2時間）、それぞれの時のサイクルで古代より変わることなく六十干支の循環がなされています。

▼生年月日…1955年2月24日19時生まれ

【表①】

年	月	日	時
乙未	戊寅	丙辰	戊戌
印綬	食神		食神
衰	長生	冠帯	墓
傷官	偏印	食神	食神

スティーブ・ジョブズが生まれた
・1955年は「乙未」、
・その年の2月は「戊寅」、
・その月の24日は「丙辰」、
・その日の19時は「戊戌」、
という六十干支が巡ってきておりました。この干支を五行に置き換えますと、次の図②ようになります。

「乙＝木　未＝土」
「戊＝土　寅＝木」
「丙＝火　辰＝土」
「戊＝土　戌＝土」

【図②】

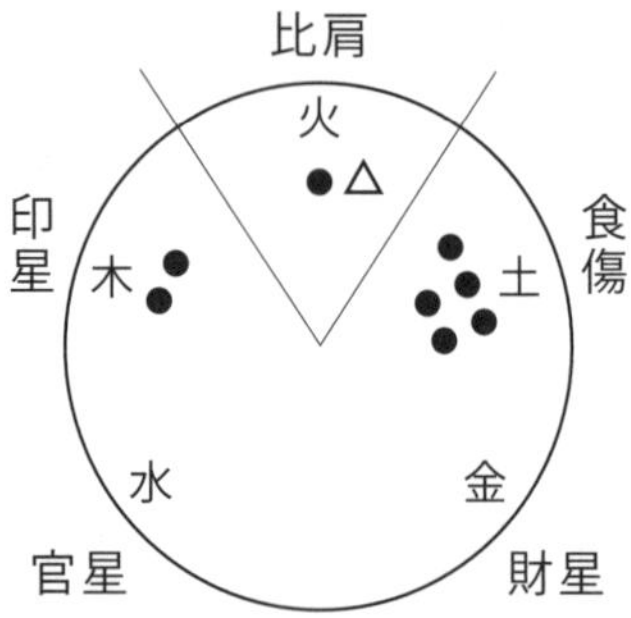

安田式五行推命は、この五行を図式化しました。

図の中の●の印は、どんな人でも8個あります。他に△や▲の印が入ることがありますが、基本的には8個の●がバランス良く木火土金水の五行に配置されていれば、調和の取れた人格となり、安定した人生を歩むことができると判断します。

しかし、どこかに星が偏り過ぎていたり、全く星がなかったりなどのアンバランスな生まれの人は、持って生まれたその人の能力や気質に偏りがあるとみます。

普通の人ができることができなかったり、普通の人ができないことが簡単にでき

【ビル・ゲイツ】

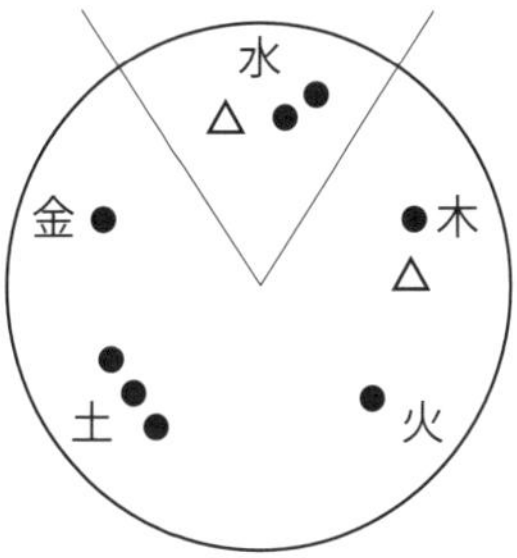

【スティーブ・ジョブズ】

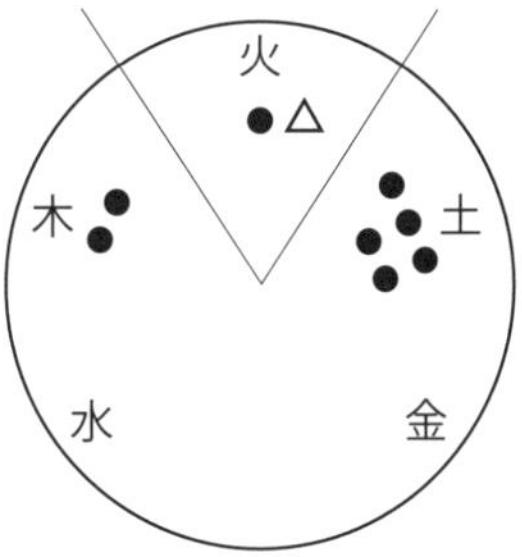

たりするなど、みんなと同じをよしとする社会では、周囲の理解を得にくい性質を持っています。

　スティーブ・ジョブズの五行図は、上の右図になります。

「木」に●二つ。

「火」に●一つ。（ここでは△は便宜上数に数えません）。

「土」に●五つ。

「金・水」には、一つも印がありません。

「土」が一番強く、「金・水」が弱い、バランスの悪い生まれであることが一目瞭然です。

　比較対象として、良きライバルといわれていたビル・ゲイツの五行図を挙げてみました。上の左図です。

「木」に●一つ。

「火」に●一つ。

「土」に●三つ。

「金」に●一つ。

「水」に●二つ。

五行すべてに●が配置され、バランスが取れています。

この二人は、自分たちが世界を動かしているという信念を強く持っていたようですが、タイプが全く違いました。

ジョブズの方は美しく使いやすいハード面にこだわり、ビル・ゲイツの方は、これからソフトウエアの時代が来ると読み、ソフト市場を独占的に先取りし、資産を増やしていきました。

五行推命を知らなかった頃の私は、二人は同じ土俵で戦っているのだと思っていましたが、こうして比べてみれば、フィールドが全く違っていたことがわかります。

お金儲けに執着がなく、技術開発に情熱を燃やし続け、無から有を生み出す作品作りに命を注いだジョブズと、時代の波を戦略的に読み、長者番付のトップに13年間立ち続けることによりその名を馳《は》せ、晩年はその築いた財産を、地球規模の環境問題に取り組む企業に出資しているビル・ゲイツとは、生きざまが違い過ぎます。

最近、日本で話題になったニュースに、大豆から作られた「ビヨンド・ミート」という肉を作っている健康食品開発会社に、ビル・ゲイツが出資しているというのがありましたが、五行推命を知っていれば、二人の生き方の違いを正確に把握できていたことでしょう。

スティーブ・ジョブズの本質

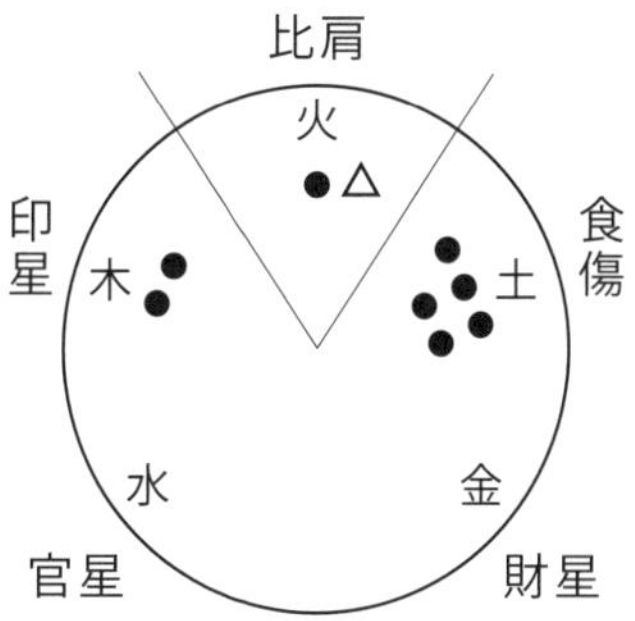

それでは、スティーブ・ジョブズの五行図から、簡単に読み取れる性格や能力などをご説明していきます。

五行推命では、第一に、その人の中心となる星が、生まれた日の日干に定められます。ジョブズの場合は、図の一番上にある「火」が中心の生まれをしてます。その中心となる「火」と、他の五行の組み合わせによって、能力や才能の発揮の仕方がわかってきます。

❶火と土

余分なものをすべて排除し、ストイックに、ただただ美しく妥協のない優れた作品の開発、制作に情熱を燃やし続けたジョブズの気質は、最も強い五行の組み合わせ、「火（自分）と土」の関係（食傷）に表れています。

これは、鋭い感性や直感力、洞察力、細かさ、芸術性、表現力などを意味します。微細なものを感じ取る敏感体質なので、神経質な面が素行や人間関係に現れ、物事がスムーズに運ばない原因を自ら作ってしまうところがあります。ジョブズと一緒に開発に携わっていた人は、言っていることが次の日には１８０度変わることが頻繁にあり、振り回され続けたといっていますが、ひと言でいえば、天才肌ですが、トラブルメーカーでもあったといえるでしょう。

❷火と木

次に強いのが「火（自分）と木」の組み合わせ（印星）です。これは、じっくり物事を考える頭脳の星です。この能力は、コツコツ努力を積み重ねていく学問、研究の分野に適しており、人からの援助を引き出すのも上手です。

宗教・哲学・精神的な方面に興味を抱きやすく、インドの思想や禅などにはまっていったのも、この星の影響が大いにあるかと思います。

知的欲求が強く、頭脳労働は得意ですが、頭でっかちになり過ぎる傾向があります。この星の長所は努力家で研究熱心でコツコツと継続する力はありますが、欠点は、考え過ぎて実行力が弱くなる点です。人をうまく使おうと知恵を回すこともあります。

❸火と金

それでは、欠けている部分を見ていきましょう。「火（自分）と金」の組み合わせ（財星）です。これは、財運、父親、家庭、優しさ、男性にとっては妻を意味する星です。

ここに星のない人はお金のために働くことや、金融関係の仕事などに全く興味を示しません。長者番付に載ることなど意味のないことですが、研究や開発のために使うお金はいくらでも欲しいと考えます。しかし、自分の財産を増やしたいとは考えない人です。

❹火と水

もう一つ全く星がないのが「火（自分）と水」の組み合わせ（官星）です。これは、社会的地位、評価、仕事、出世、組織、責任感、現実主義を意味しますが、ジョブズの本質は、組織や社会的評価、地位などに価値を持ちません。型にはまった生き方もできません。

本人が明確にイメージしている作品作りのために、自分に足りない能力を持つ人とチームを作ることはできますが、会社組織のトップとして管理運営していく能力は持ちません。自分の言動や行動が人からどう見られるかなど気にしないので、常識的な人とは歩調が合いません。

このように、その人の本質、得意な分野、不得意な分野といった能力診断、価値観の違いというのは、安田式五行図を使えばすぐに読み取ることができます。

大運と流年運

ここまでが、持って生まれたその人の個性です。その個性の人が、どのような運命をたどっていくかは、運の流れを読まなければなりません。運の流れには、大きく分けて「大運」と「流年」の二つがあります。

「大運」とは、その人の人生を左右する大きな運の流れです。そのサイクルは人によって違いがあり、早い人では3年ごとに運が切り替わります。最も長い人では10年かかります。

どんなに生まれ日の個性が優れていても、運の波が低迷している時期に当たれば、思うようにその能力は発揮できませんし、その逆に、好調期であれば、ラッキーな現象などに後押しされて運勢も上昇します。

この運のサイクルが人によって違うのは、五行推命の大きな特徴で、他流派の四柱推命は、どんな人も大運の周期は　年で切り替わります。

何をやってもうまくいかない、そんな時期が何年も続くと、人はそれが本当の自分だと勘違いして自信をなくしてしまいかねません。しかし五行推命を知っていれば、どんなに苦しい時も、好調な時も、時が来れば次の運へと切り替わっていくことがわかりますので、いたずらに自分を責めたり、運命を恨んだりすることはしなくなります。いつまでそれは続くのか、何に気をつけたらいいのか、今、何を学ぶべきなのかなど、事前に知ることができれば、運を味方につけることができます。

もう一つの「流年」は、毎年切り替わる干支のことです。例えばこれを書いている2019年は己年ですが、十二支の上には十干がつき、正確には「己亥」年となります。この「己亥」はどんな人にも共通して巡ってきていますが、その人の命式にどのように関与してくるかは、日干によって違ってきます。

例えば、土の強過ぎるスティーブ・ジョブズが、今でも健在で活躍していたとしたら、2018年の場合は「戊戌」年となり、戊＝土、戌＝土、で土行が二つも追加され、過剰さが極端になってきます。誰も想像できないような理想の作品を作るために、さらに神経は研ぎ澄まされ、周囲の人をすべて敵に回してでも、技術開発に情熱を燃やし続けていたかもしれません。

この運の流れによって、足りなかった五行が補われたり、強過ぎる五行がさらに強化されるなどして、仕事運がアップしたり、結婚が決まったり、賞を取ったり、逆に、春の嵐のように安定を欠いたり、晩秋のように物事を縮小していく時期などが、やはり五行図によって、簡単に把握することができるようになります。

スティーブ・ジョブズの運の流れ

それでは、スティーブ・ジョブズがどのような人生を歩んできたのか、大きな転換があった時期を参考にいくつかピックアップしていきましょう。

その前に、木火土金水は、変通星という星に置き換えて解釈した方がわかりやすくなります。変通星というのは、その人の能力や価値観、才能を発揮する分野などを教えてくれます。

スティーブ・ジョブズの変通星

火：（比肩・敗財）自分自身・兄弟姉妹・友人・同輩・独立・分離

土：（食神・傷官）才能発揮・鋭さ・技術・過敏さ

金：（偏財・正財）お金、父親、妻（男性にとって）・家庭・優しさ

水：(偏官・正官) 仕事・地位・社会的評価・子供(男性にとって)・責任感

木：(偏印・印綬) 宗教・哲学・学問・頭脳・母親・継続性

※スティーブ・ジョブズの大運のサイクルは7年周期となります。

1955年 ▼ 2月 ▼ 24日 ▼ 19時 ▼ 男 ▼ 流年 1974 ▼

昭和 30　☑大運一覧　昭和 49

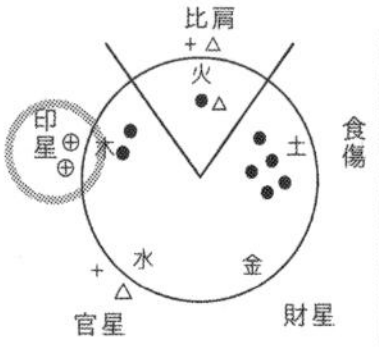

15 ～ 21　逆行7年　20歳

流年	大運	時	日	月	年
甲寅	丙子	戊戌	丙辰	戊寅	乙未
偏印	比肩	食神		食神	印綬
長生	胎	墓	冠帯	長生	衰
偏印	偏官	食神	食神	偏印	傷官

天徳⇒丁壬　羊刃⇒午

1～7	戊寅	食神	長生	偏印
8～14	丁丑	敗財	養	傷官
15～21	丙子	比肩	胎	偏官
22～28	乙亥	印綬	絶	正官
29～35	甲戌	偏印	墓	食神
36～42	癸酉	正官	死	正財
43～49	壬申	偏官	病	偏財
50～56	辛未	正財	衰	傷官
57～63	庚午	偏財	帝旺	比肩
64～70	己巳	傷官	建禄	敗財
71～77	戊辰	食神	冠帯	食神
78～84	丁卯	敗財	沐浴	印綬
85～91	丙寅	比肩	長生	偏印
92～98	乙丑	印綬	養	傷官

❶ 瞑想や禅などに興味を示す

1974年

ジョブズが19歳の時。大運では、比肩(火)の独立心、偏官(水)の仕事星が15歳～21歳までとなっており、その中の流年は、偏印(木)が二つ巡ってきていました。印星は、目に見えない世界を探求したり、宗教・哲学・精神世界などに興味を持つ星です。もともと生まれに印綬がありますので、宗教

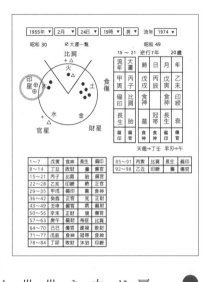

や哲学には関心があったと思われますが、この時期、インドの神秘思想や日本の禅などがアメリカで広まっていった時期でした。ただし、この年に巡ってきていた偏印は、ジョブズの生まれ持つ食神という星の良さをあやふやにしてしまう「倒食」という悪さをする星でもあります。

インドに行く旅費を稼ぐためにゲーム会社アタリでバイトをし、大きな期待を持って出かけたインドには、ジョブズの求めるものはなかった上に、赤痢《せきり》に罹《かか》っています。まさしく、食べる神様を表す食神が、偏印という星によって倒されるという典型です。

❷アップル法人化　1976年

ジョブズが21歳の時。大運がこの年に切り替わっています。印綬(木)・正官(水)の大運周期は21歳から27歳まで続きます。1976年の比肩(火)は独立という意味があります。この時にアップルを法人化し、1980年の偏財(金)の年に株式公開し2億ドルという巨額のお金を手にしています。そして大運最後の1982

年の偏官（水）の時に、社会的評価を受けタイムスの表紙を飾っています。

❸洗練されたコンピューターを世に出すも、役職解任

1984年

1955年	2月	24日	19時	男	流年 1984

昭和 30　☑大運一覧

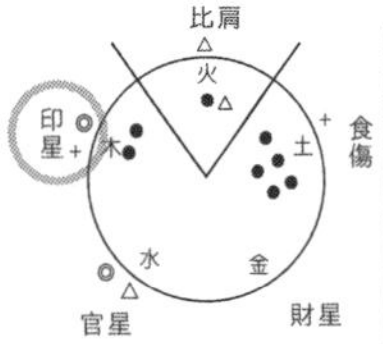

昭和 59

29 ～ 35　逆行7年　30歳

流年	大運	時	日	月	年
甲子	甲戌	戊戌	丙辰	戊寅	乙未
偏印	偏印	食神		食神	印綬
胎	墓	墓	冠帯	長生	衰
偏官	食神	食神	食神	偏印	傷官

天徳⇒丁壬　羊刃⇒午

1～7	戊寅	食神	長生	偏印
8～14	丁丑	敗財	養	傷官
15～21	丙子	比肩	胎	偏官
22～28	乙亥	印綬	絶	正官
29～35	甲戌	偏印	墓	食神
36～42	癸酉	正官	死	正財
43～49	壬申	偏官	病	偏財
50～56	辛未	正財	衰	傷官
57～63	庚午	偏財	帝旺	比肩
64～70	己巳	傷官	建禄	敗財
71～77	戊辰	食神	冠帯	食神
78～84	丁卯	敗財	沐浴	印綬

85～91	丙寅	比肩	長生	偏印
92～98	乙丑	印綬	養	傷官

ジョブズが29歳の時。大運に偏印（木）が来て、ジョブズの生まれが最も嫌う「倒食」の運に入りました。偏印・印綬の印星は季節でいえば冬を表します。静かに自分の内面と向き合うにはとても良い時期ですが、社会的には自分の存在価値がどこにあるのかわからなくなるなど、精神的にとても辛い時期です。その上、倒食という作用で、頭に不純物がまぎれ込んでしまったかのように、現実とかけ離れた仮想

の世界を作り上げ、これまでやってきたことがすべて無駄になってしまうような現象を自ら起こしてしまう時期でもありました。

それまで何年もかけて開発したマッキントッシュの洗練されたコンピューターが、ようやく世に出ると同時に、アップル社を追放されています。社内での独断専行といった素行の悪さが災いしていたようですが、本人にもどうすることもできない倒食の運に飲み込まれた時でした。

この倒食は、偏印が悪さをするのではなく、偏印と食神が組み合わさることで起きる凶現象です。人によってその現れ方は違いますが、ふとしたことで軸がぶれてしまい、他人の忠告なども耳に入らなくなって、歯車の軌道修正ができない状況を招いてしまいます。

❹ジョブズ結婚　1991年

ジョブズが36歳の時。ようやく辛かった冬の時代が開け、ジョブズにとって欲しかった官星(水)と財星(金)の運がやってきました。1990年にスタンフォード

1955年 ▼ 2月 ▼ 24日 ▼ 19時 ▼ 男 ▼ 流年 1991 ▼

昭和 30　☑ 大運一覧　平成 3

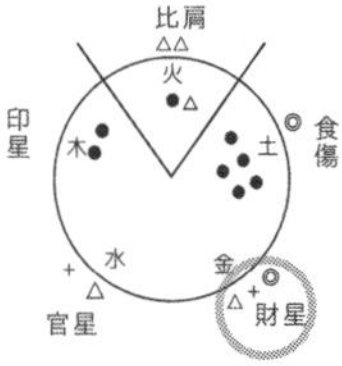

36 ～ 42　逆行7年　37歳

流年	大運	時	日	月	年
辛未	癸酉	戊戌	丙辰	戊寅	乙未
正財	正官	食神		食神	印綬
衰	死	墓	冠帯	長生	衰
傷官	正財	食神	食神	偏印	傷官

天徳⇒丁壬　羊刃⇒午

1～7	戊寅	食神	長生	偏印
8～14	丁丑	敗財	養	傷官
15～21	丙子	比肩	胎	偏官
22～28	乙亥	印綬	絶	正官
29～35	甲戌	偏印	墓	食神
36～42	癸酉	正官	死	正財
43～49	壬申	偏官	病	偏財
50～56	辛未	正財	衰	傷官
57～63	庚午	偏財	帝旺	比肩
64～70	己巳	傷官	建禄	敗財
71～77	戊辰	食神	冠帯	食神
78～84	丁卯	敗財	沐浴	印綬
85～91	丙寅	比肩	長生	偏印
92～98	乙丑	印綬	養	傷官

大学で講演を行った際に、ローレン・パウエルと出会っています。偏財(金)の年でした。そして次の1991年の正財(金)の年に結婚しています。

男性にとっては財星の時期が最も結婚運が高まる時期ですし、自分からアプローチしてみようといった積極性も出てきます。もともとジョブズは財星を持っていませんので、結婚願望などはあまりない人だったかもしれませんが、流れの通り、財星で結婚し、この年の9月に長男が生まれ、家庭を持っています。大運では官星が来ています。男性にとって官星は子供を意味します。

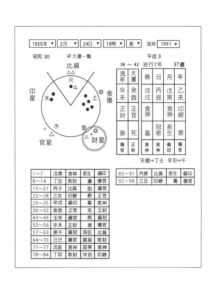

❺ジョブズ、すい臓がんと診断される

2003年

ジョブズが48歳の時。大運は、偏官（水）で、五行のバランス的には悪くはないのですが、すい臓がんと診断される前年の2002年は、流年も偏官（水）となっておりました。偏官は、朝昼晩、休みなく働き続けるがむしゃらな働き星です。また、敵も多く作ってしまうのでストレスも相当なものがあります。おそらく、こういった我が身を省みない無理が次の年の2003年に形となって現れたのでしょう。2003年は未年でした。欲しくない「土」が来ておりました。

❻ジョブズは肝臓移植手術を受ける

2009年

ジョブズが54歳の時。3月に肝臓の移植手術を受けていますが、医師からはジョブズの肝臓は4月まで持たないといわれていたようです。大運は正財（金）の運で、家庭や金銭的には恵まれていたでしょうが、2009年は、ジョブズにはもっとも欲しくない土のエネルギーが大量に巡ってきていました。大運十二支の未（土）、

1955年 ▼	2月 ▼	24日 ▼	19時 ▼	男 ▼	流年 2009 ▼

昭和 30　☑ 大運一覧　平成 21

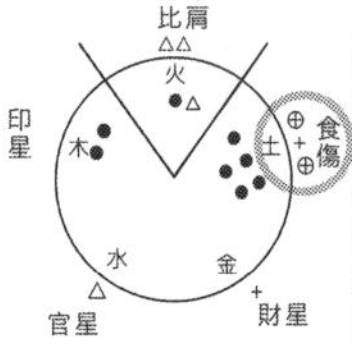

50 ～ 56　逆行7年　55歳

流年	大運	時	日	月	年
己丑	辛未	戊戌	丙辰	戊寅	乙未
傷官	正財	食神		食神	印綬
養	衰	墓	冠帯	長生	衰
傷官	傷官	食神	食神	偏印	傷官

天徳⇒丁壬　羊刃⇒午

1～7	戊寅	食神	長生	偏印
8～14	丁丑	敗財	養	傷官
15～21	丙子	比肩	胎	偏官
22～28	乙亥	印綬	絶	正官
29～35	甲戌	偏印	墓	食神
36～42	癸酉	正官	死	正財
43～49	壬申	偏官	病	偏財
50～56	辛未	正財	衰	傷官
57～63	庚午	偏財	帝旺	比肩
64～70	己巳	傷官	建禄	敗財
71～77	戊辰	食神	冠帯	食神
78～84	丁卯	敗財	沐浴	印綬
85～91	丙寅	比肩	長生	偏印
92～98	乙丑	印綬	養	傷官

流年己（土）丑（土）です。

五行推命では、「土」はガンという意味も持ちます。

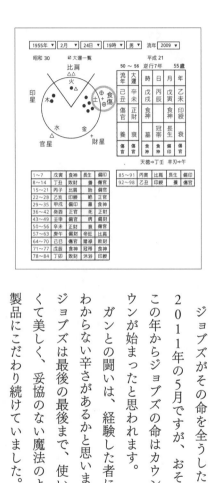

ジョブズがその命を全うしたのが、2011年の5月ですが、おそらく、この年からジョブズの命はカウントダウンが始まったと思われます。

ガンとの闘いは、経験した者にしかわからない辛さがあるかと思いますが、ジョブズは最後の最後まで、使いやすくて美しく、妥協のない魔法のような製品にこだわり続けていました。運の流れの中で、結婚をし子供も生まれ、家庭を持ち、高い地位を得ることも経験しましたが、ジョブズはジョブズでした。

『Stay hungry. Stay foolish　ハングリーであれ、愚かであれ。』

これはジョブズが残したあまりにも有名な言葉ですが、この言葉は、ジョブズが若い頃にバイブルのように愛読していた『ホール・アース・カタログ』という雑誌の最終巻の裏表紙に掲載されていたのだそうです。理想主義で素晴らしいツールや偉大な信念に溢《あふ》れていた本だったとジョブズは語っています。ジョブズの命式の通りの言葉だと思います。

いかがでしたでしょうか。このように、安田式五行推命は、その人の持って生まれた性格や資質、そして運の流れ、現象の起きる時期と状態などを、正確に把握することができます。そして安田式五行図は、その人と、その人の人生の流れの全貌を、あたかも上空からとらえる航空写真のように見渡せる視野を与えてくれます。

激しい一生を送ったスティーブ・ジョブズを例に挙げましたが、まずは、自分は何者なのか？　を知ること、そしてその長所を伸ばすこと、自分の不得意な分野は、周囲から謙虚に学ぶこと、もしそれを補う星が巡ってきた時には、しっかりと補充することなどを意識してほしいと思います。

もし、ジョブズのように、五行の偏りを持って生まれた人は、自分を理解してもらうのに、少し苦労が伴うかもしれません。環境になじめず、突き上げる衝動に従うしかできないのだとしたら、自分を信じ、愛せるものを見つけて欲しい、安易なところに落ち着かないで欲しいと、ジョブズは言い残しています。

季節に春夏秋冬があるように、人の一生にも物事の始まり、上昇期、実りの時、休養が必要な時などがあることは、誰にもおわかりになるかと思います。いたずらに運の吉凶に一喜一憂せずに、天から与えられたそれぞれの個性を存分に発揮して、自分らしい人生を自ら創造されていかれることを五行推命は望んでいます。

第2章

陰陽五行の法則

運命のＤＮＡの意味

生物学的には、人間を造っているのはＤＮＡによる遺伝情報だといわれています。ＤＮＡは、四つの塩基によって形成されています。ＤＮＡによるすべての遺伝情報を総合したものを「ゲノム」といいます。

その四つの組み合わせに、目の形が似ているとか、ある病気に罹りやすいなど、親の生物学的な特徴を子供に伝えているのが遺伝子です。五行推命（四柱推命）もこのゲノムと似ています。

一方、年・月・日・時間の四つの柱で構成された命式の中にすべての情報が記されています。それを読み解くのが、五行推命（四柱推命）なのです。持って生まれた可能性や長所・短所、これらを知ることによって努力の方向性や問題の解決の道を見出すことができる占術的技法が、この四つの柱に秘められているのです。

だからこそ、別名「運命のＤＮＡ」と呼ばれています。

陰陽論とは

中国の思想で、森羅万象、宇宙のありとあらゆる事物を、さまざまな観点から「陰」と「陽」で分類する思想のことを「陰陽論」といいます。

朝が来たら、夜が来ることで一日を終える。
電池の＋があり、電池の－で電気が点く。
男がいて、女がいることで子供が授かる。
始まりがあり、終わりがある。
光があり、影がある。

世の中は、すべてが陰と陽の両面の性質を持って成り立っています。陰と陽のどちらか一方だけで存在することはできません。天と地・太陽と月など、バランスを保っています。

例えば、男性だけでは社会は成り立ちません。女性だけでも社会は成り立ちません。どちらが大切ではなく、どちらも大切です。互いに共存共栄することで、どちらも活かされ、栄えることができます。

その陰陽関係がとても大切です。すべてが陰陽となることで、発展していきます。どちらかに傾けば物事が栄えていかなくなります。

この理論から、相性でも価値観が似ている、性格やタイプが同じと考えている方が一番良い相性のように思いますが、すべて相性も陰陽なのです。プラスとマイナスで初めて形となるのですから、対照的なカップルの方がいつまでも自然に自分を表現でき、お互いになくてはならないパートナーとなり得ます。

唯一、伴侶は自分で選ぶことができます。結婚などの良縁は成り行きに任せず、相性を大切に良きパートナーのご縁を作っていきましょう。

五行思想（相生・相剋）

相生【そうせい】 互いに生じ合う関係

木は火を生ずる（**木生火**《もくしょうか》）

木は燃えて火を発生させます。火が燃えるのを木が助けてくれます。

火は土を生ずる（**火生土**《かしょうど》）

火は燃えて灰となります。火は柔らかい土を固めて強固な土（陶磁器）となります。

土は金を生ずる（**土生金**《どしょうきん》）

土の中から（金銀・鉱石・宝石）などが掘り出されます。よき山は、宝の山となって金を産出することもあります。

金は水を生ずる（**金生水**《きんしょうすい》）

金属が冷えると表面に水滴が生じます。金は水を生み出してくれます。

水は木を生ずる（**水生木**《すいしょうもく》）

水は木を育てます。水がなければ木は枯れてしまいます。

相剋【そうこく】 互いに剋《こく》し合う関係

木は土を剋す（**木剋土**《もくこくど》）

木は土中に根を張ることによって、土の養分を吸収してしまうので、土が痩せて剋します（これを「反剋《はんこく》」といいます）。

土は水を剋す（**土剋水**《どこくすい》）

土は堤防となって水が氾濫《はんらん》するのを防ぎますが、水を濁らせて剋します。

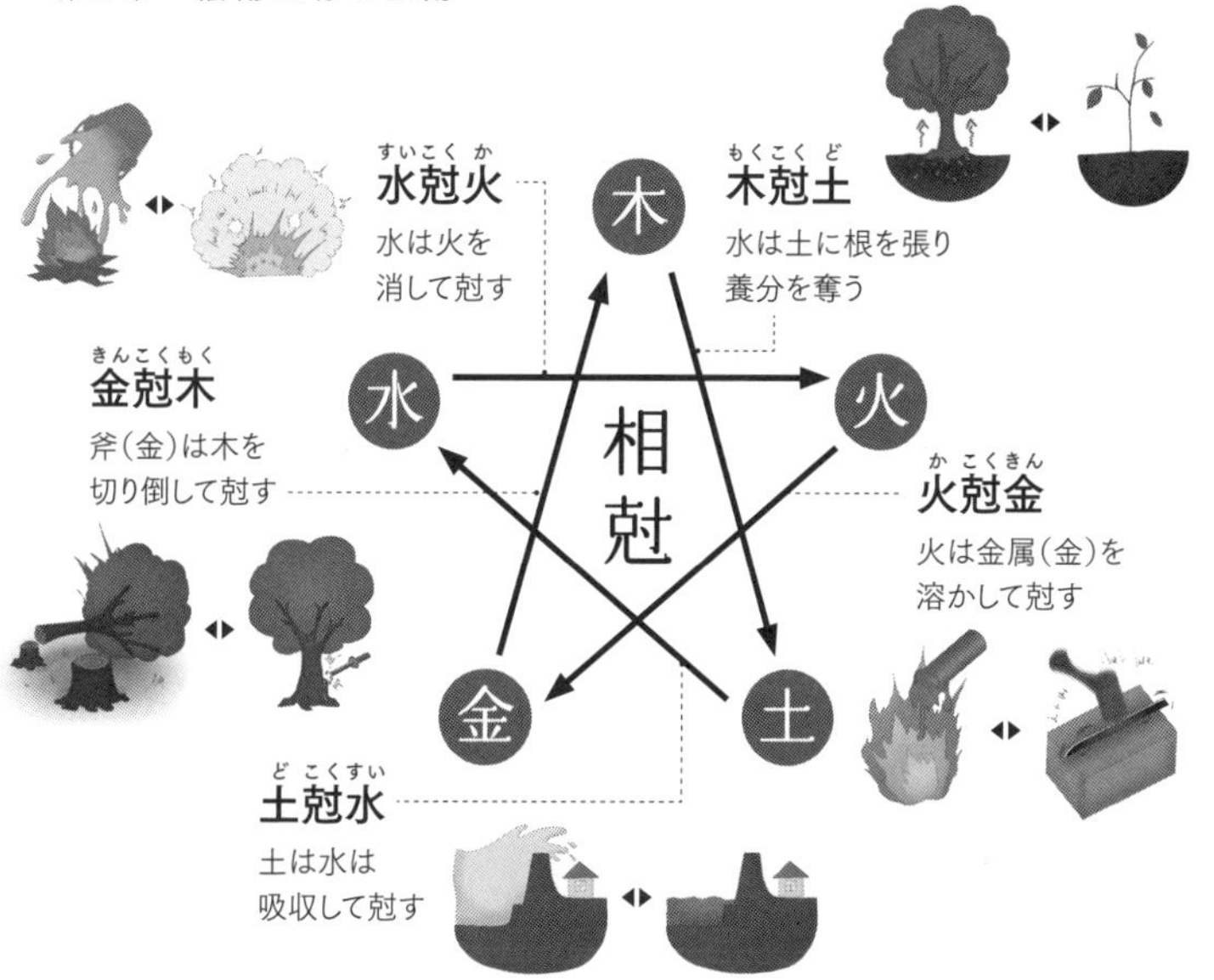

水は火を剋す（水剋火《すいこくか》）

水は火を消して剋します。

火は金を剋す（火剋金《かこくきん》）

火は、金属の金を溶かして剋します。

金は木を剋す（金剋木《きんこくもく》）

金は木を切倒して剋します。

このように、五行の気には、相生と相剋という関係性があります。

相生は、五行に良い影響を与え合う関係になり、相剋は、お互いの力を弱めてしまう関係です。

ただ、この関係だけで相性判断するこ

とではありませんが、相性を見ることもできるのです。万物の根源をこの五つの要素(五気・五行)から構成されているので、それぞれの、相生と相剋の関係によってさまざまな作用と現象が現れます。

第3章

命式表

命式表の出し方

自分の命式表をスマホで出してみましょう。

QRコードをスマホで読み取り、年・月・日・時間を入力しましょう。

自分の生年月日を入力したら……次のような命式表が出たと思います。

さあ、この自分の命式表を参考に、見方を解説していきます。

1972年　8月　12日　22時　男　流年　2018

昭和 47　大運一覧　to Menu　平成 30

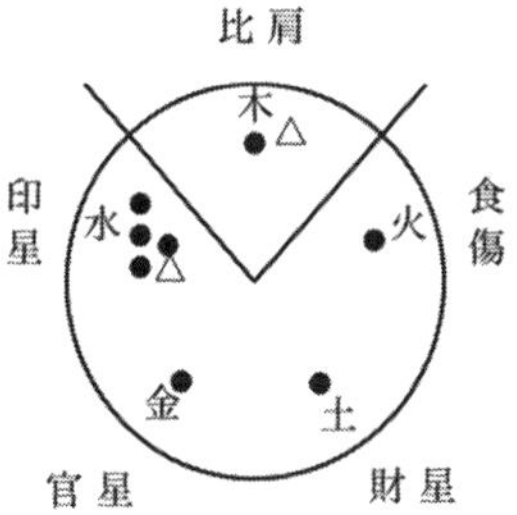

46 ～ 54　順行9年　47歳

流年	大運	時	日	月	年
戊戌	癸丑	丁亥	乙亥	戊申	壬子
正財	偏印	食神		正財	印綬
墓	衰	死	死	胎	病
正財	偏財	偏印	偏印	正官	印綬

天徳⇒癸戊　羊刃⇒辰

1~9	戊申	正財	胎	正官
10~18	己酉	偏財	絶	偏官
19~27	庚戌	正官	墓	正財
28~36	辛亥	偏官	死	偏印
37~45	壬子	印綬	病	印綬
46~54	癸丑	偏印	衰	偏財
55~63	甲寅	劫財	帝旺	劫財
64~72	乙卯	比肩	建禄	比肩
73~81	丙辰	傷官	冠帯	正財
82~90	丁巳	食神	沐浴	食神
91~99	戊午	正財	長生	傷官

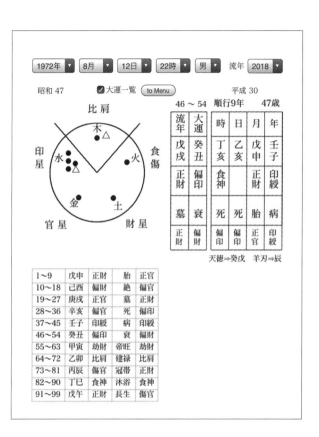

安田式五行推命の解説

命式の基本となる部分は、大きく三つに分かれています。

1 四柱本体（表の星）
2 行運（大運・流年）
3 五行図（裏の星）

命式表の各部の名称

例題

Aさんの命式表を参考に見ていきましょう。

1970年4月14日3時50分生まれのAさん（男性）／2018年に作成

3

2

43〜49

流年＋	大運＋
戊戌	丙戌
偏財	食神
養	養
偏財	偏財

用体：食神
従化：丙 食神

1

官殺（官から官）

時	日	月	年
丙寅	甲子	庚辰	庚戌
食神		偏官	偏官
建禄	沐浴	衰	養
比肩	偏印	偏財	偏財

順行7年運

49歳

天徳→壬丁　羊刃→卯

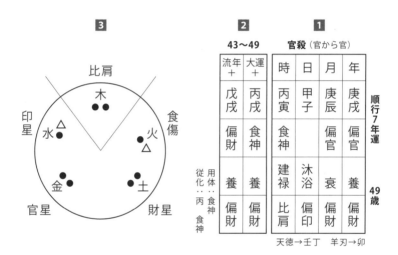

時	日	月	年	
丙寅	甲子	庚辰	庚戌	← ❶ 天干（十干） ← ❷ 地支（十二支）
食神		偏官	偏官	← ❸ 変通星（天干星）
建禄	沐浴	衰	養	← ❹ 十二星（地支星）
比肩	偏印	偏財	偏財	← ❺ 地支通変（地支による変通星）

❶ 天干《てんかん》

四柱の一番上段に書かれているのは、「天干」と呼ばれている星で、これは10種類あります（甲《きのえ》・乙《きのと》・丙《ひのえ》・丁《ひのと》・戊《つちのえ》・己《つちのと》・庚《かのえ》・辛《かのと》・壬《みずのえ》・癸《みずのと》）。

❷ 地支《ちし》

一般的には、「十二支」という呼び方が親しまれている星です。天干が「天」を意味するのに対して「地」を意味するので「地支」と呼ばれています（子《ね》・丑《うし》・寅《とら》・卯《う》・辰《たつ》・巳《み》・午《うま》・未《ひつじ》・申《さる》・酉《とり》・戌《いぬ》・亥《い》）。

天干と地支を合わせて「干支《かんし》」と呼びます。60種類あります。

❸ 変通星《へんつうせい》

この星は、天干から導き出されるので「天干星」とも呼ばれます。

また、日干《にっかん》との相互関係で出します。比肩《ひけん》・劫財《ごうざい》・敗財《はいざい》・食神《しょくじん》・傷官《しょうかん》・偏財《へんざい》・正《せい》財《ざい》・偏官《へんかん》・正官《せいかん》・偏印《へんいん》・印綬《いんじゅ》の11種類あります。

❹ 十二運《じゅうにうん》

12種類あり、運気、エネルギーの強弱を意味します（胎《たい》・養《よう》・長生《ちょうせい》・沐浴《もくよく》・冠帯《かんたい》・建《けん》禄《ろく》・帝旺《ていおう》・衰《すい》・病《びょう》・死《し》・墓《ぼ》・絶《ぜつ》）。

❺ 地支通変《ちしつうへん》

別名、「地支による変通星」といいます。

これは、他流派では「蔵干《ぞうかん》」と呼ばれている部分ですが、高木・安田流では、地支の五行によって変通星化して星を出しているのです。

変通星の力量

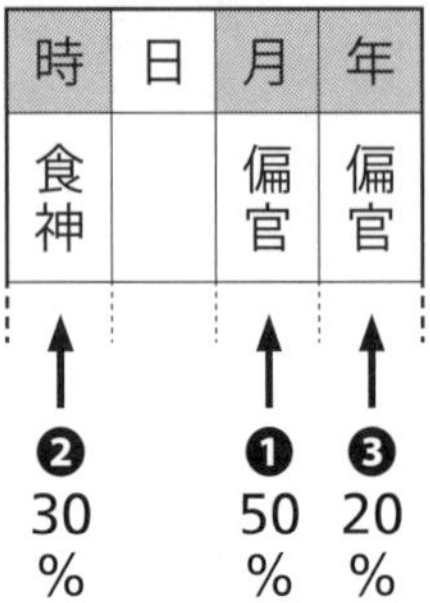

柱上の変通星の力量は、月柱の星が中心星（50％）となり、次に時柱が強く（30％）、年柱は比較的弱い（20％）で判定していきます。

生まれた時間の不明の場合は、この時柱（30％）の判断ができないため、性格や運気が変わってきますので、時間がわからない方の判断は、半分の鑑定になってしまいます。

主に命式判断の中心は、月柱の変通星で判断していきます。

※あくまでも目安です。

行運《こううん》（大運《たいうん》・流年《りゅうねん》）

43〜49

大運＋	流年＋
丙戌	戊戌
食神	偏財
養	養
偏財	偏財

この部分は巡りくる運勢を見るところです。

命式本体が宿命的な先天運であるのに対して、大運や、流年は後天的に訪れてくる運気を判定していくものです。周期性を持った運の流れで、人生のバイオリズムを知ることができます。また、個々の人生の節目を知ることができます。

この大運は、他の流派では、すべて10年運しかありません。しかし安田流では、3年運から10年運の大運周期があります。この部分が、高木乗の流れを汲《く》んだ安田流の特徴の一つとされています。

この大運は、非常によく人生の運の流れを把握することができ、とても高い確率で的中します。まさに占術の帝王といわれるのもこの要因が強いからです。

本体の日干から見て、どのような変通星や十二運になるかを出して、判定していきます。この流年の年回りの運の見方は、第11章にて説明していきます。

安田式五行図とは

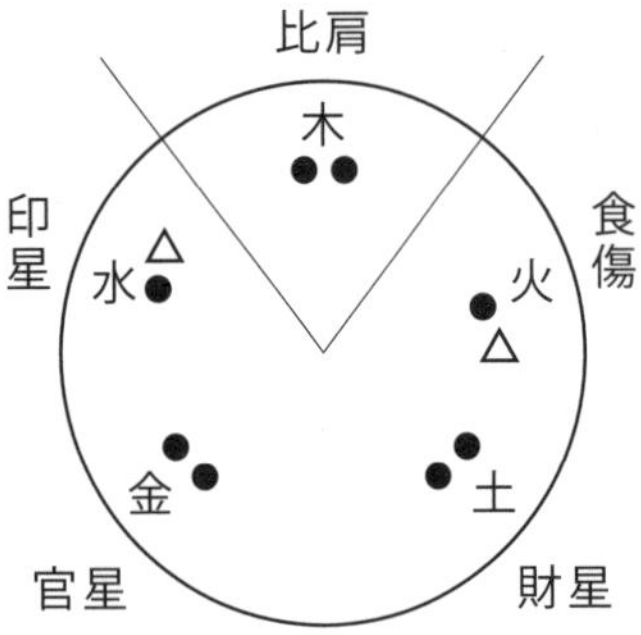

【地支の五行配当表】

五行	木	火	土	金	水
陽支	寅	午	辰・戌	申	子
陰支	卯	巳	丑・未	酉	亥

【天干の五行配当表】

五行	木	火	土	金	水
陽干	甲（きのえ）	丙（ひのえ）	戊（つちのえ）	庚（かのえ）	壬（みずのえ）
陰干	乙（きのと）	丁（ひのと）	己（つちのと）	辛（かのと）	癸（みずのと）

この五行図が、安田流の最も重要なポイントです。

この方式は、安田先生が独自で考案された新式の五行図として、命式を読むための非常に便利なツールとなっています（**注意**「安田式五行図」の使用に関しては２７３ページをご確認ください）。

命式の本質をズバリつかみ取ることができ、その人の真の姿を把握できるのです。

五行図の、円の内側に書き込まれている「●」と「△」は、年月日時の四柱本体の五行を（木・火・土・金・水）に置き換えて円の内側に干支を書き込んでいます。

円の外側の星は後天的な運の回りを意味しているので、大運・流年など毎年星の数など変わります。

【化気五行　干支合表】

	五行	木	火	土	金	水
❶→	干合《かんごう》（△）	壬丁	戊癸	甲己	庚乙	丙辛
❷→	干合《しごう》（△）	寅亥	卯戌	子丑	辰酉	巳申
❸→	三局《さんきょく》（▲）	亥卯未	寅午戌		巳酉丑	申子辰

干合・支合・三局の説明

❶ 干合は天干同士の関係

四柱に表れた天干の中に、干合となる関係があれば、五行図の中に△を記入します。△の力量は通常の星●の半分と見ます。

❷ 支合は二つの地支関係

四柱に現れた地支の中に、支合があれば、五行図の中に△を記入します。△の力量は通常の半分と見ます。

❸三局は三つの地支関係

完全三局と不完全三局の2種類があります。

完全三局は組み合わせがあります。五行図の中の▲を記入します。不完全三局の場合は、力量は半分として、△を記入します。

【命式の六親論の見方】

時柱	日柱	月柱	年柱	
70歳以上〜	10〜29歳	30〜49歳	50〜69歳	
時干	日干	月干	年干	天干
子供・晩年	自分	父・兄弟姉妹	祖父	
時支	日支	月支	年支	地支
子供	配偶者	母	祖母	

四柱と年月日時の四柱で見るので**四柱推命**と呼ぶ。時間がわからず、年月日だけの場合を**三柱推命**と呼ぶ（時間の判断がとても大切になることを表します）。

四柱の意味

❶**年柱**は、壮年から晩年（50代〜60代）の運気を見ることができます。

❷**月柱**は中年期・壮年期（30代〜40代）人生の一番花ともいえる年代です。この中年期を意味する月柱が良いということは、人生の全般から見て重要となります。

❸**日柱**は初年期（10代〜20代）の運気を見ることができます。

❹**時柱**は最晩年期（70歳以降〜）の運気を見ることができます。

第4章

日干解説

日干が個性の中心

個性の中心軸となるのは「日干」です。その人の性格や性質を天干の10種類で分析できるのです。まず、スマホから命式表を出して、自分の星を探してみましょう！

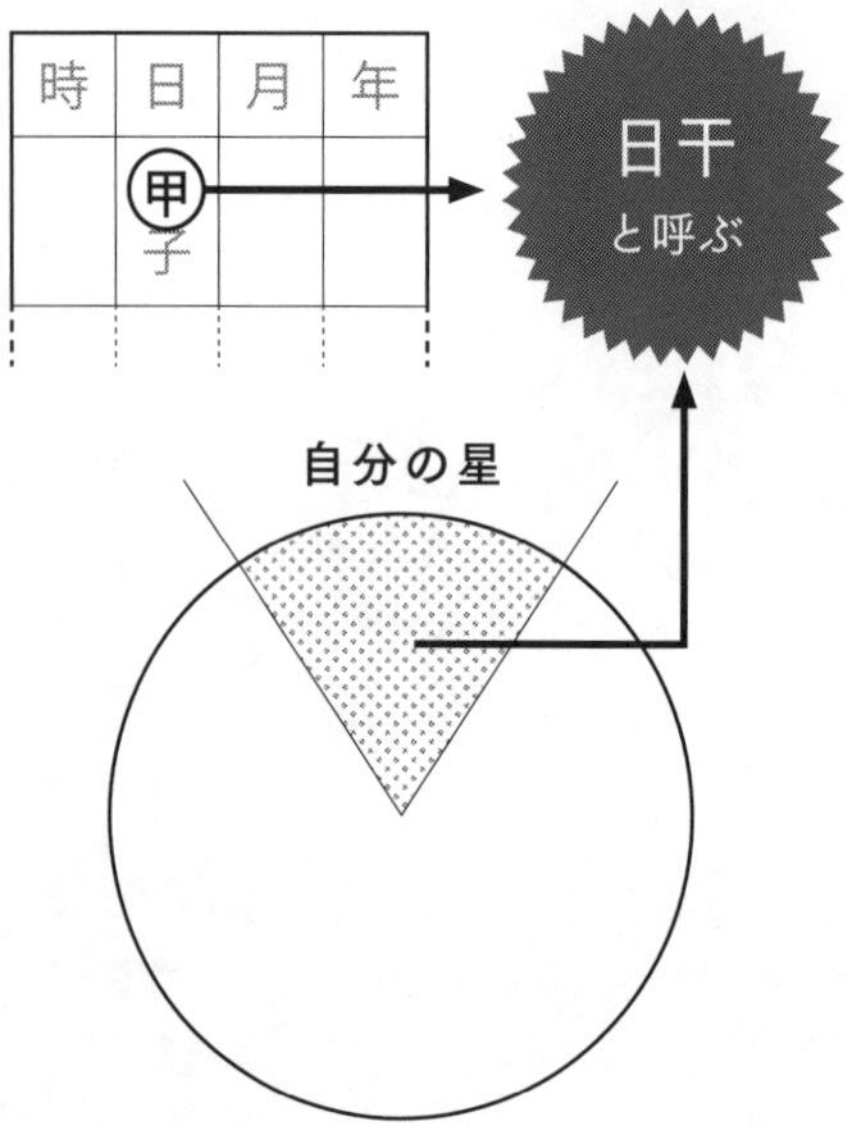

日干《にっかん》とは…

甲《きのえ》・乙《きのと》・丙《ひのえ》・丁《ひのと》・戊《つちのえ》・己《つちのと》・庚《かのえ》・辛《かのと》・壬《みずのえ》・癸《みずのと》の**十干**を使って、自分自身の特徴を見ることができます。

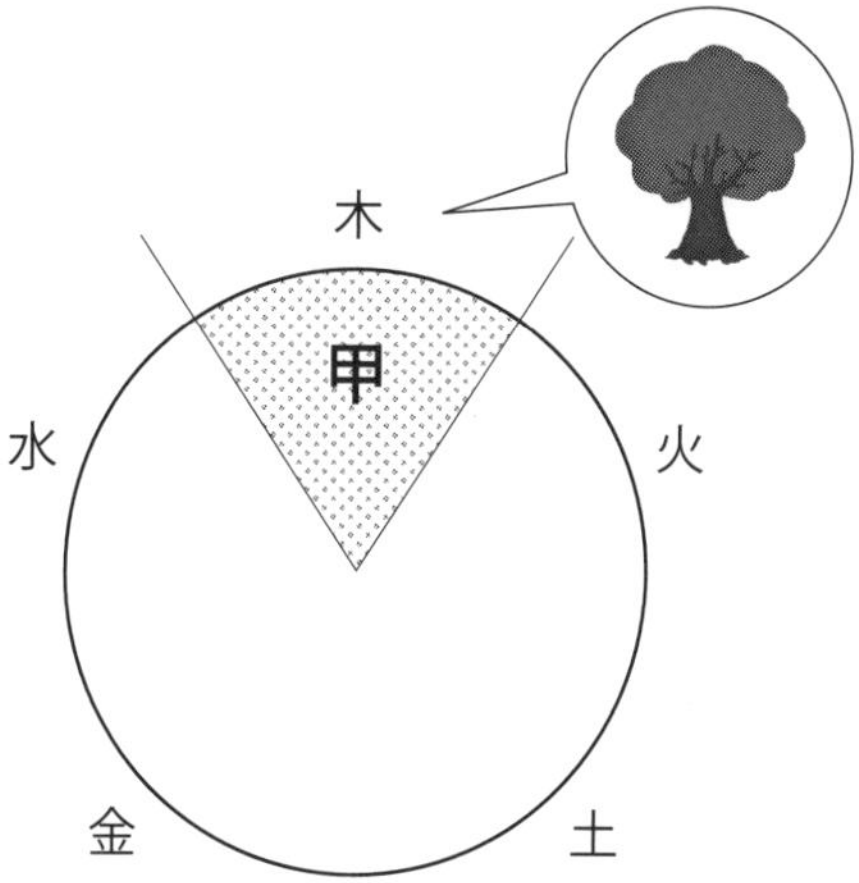

十干の性質

甲　木の性格（＋）

自分の信じた道を、まっすぐ歩いて行き、周りに流されることはありません。明るく陽気で新しいものが好きな甲の人は、勇敢で活力があり、チャレンジ精神も旺盛です。真面目で思考力、向上心もあり、すべての面で力が発揮できます。リーダーとして活躍する強い星です。

甲の人は十干の中で一番挫折に弱い星です。精神力の強さを持つために、小さい頃からスポーツなどで心と体を鍛えることが大切です。

恋愛は、一度好きになると一途で、周りが見えなくなりそうです。すべてにおいて、純情です。

❶樹木や固い木。大木を意味します。
❷人情的、人間関係が良好です。
❸曲がったことや筋の通らないことが起きると許せない人です。
❹独立心が旺盛です。
❺困難があっても負けずに、やりぬく人です。

甲の性質の有名人

男性	石原慎太郎（作家、元東京都知事、『太陽の季節』で芥川賞） 落合博満（野球、四番打者、三冠王、名監督） 浜田雅功／松本人志（ダウンタウン） 田中裕二（爆笑問題） 松岡修造（テニス選手）
女性	工藤静香（歌手） 藤原紀香（女優） 上沼恵美子（毒舌漫才、司会） 千秋（タレント） ローラ（タレント）

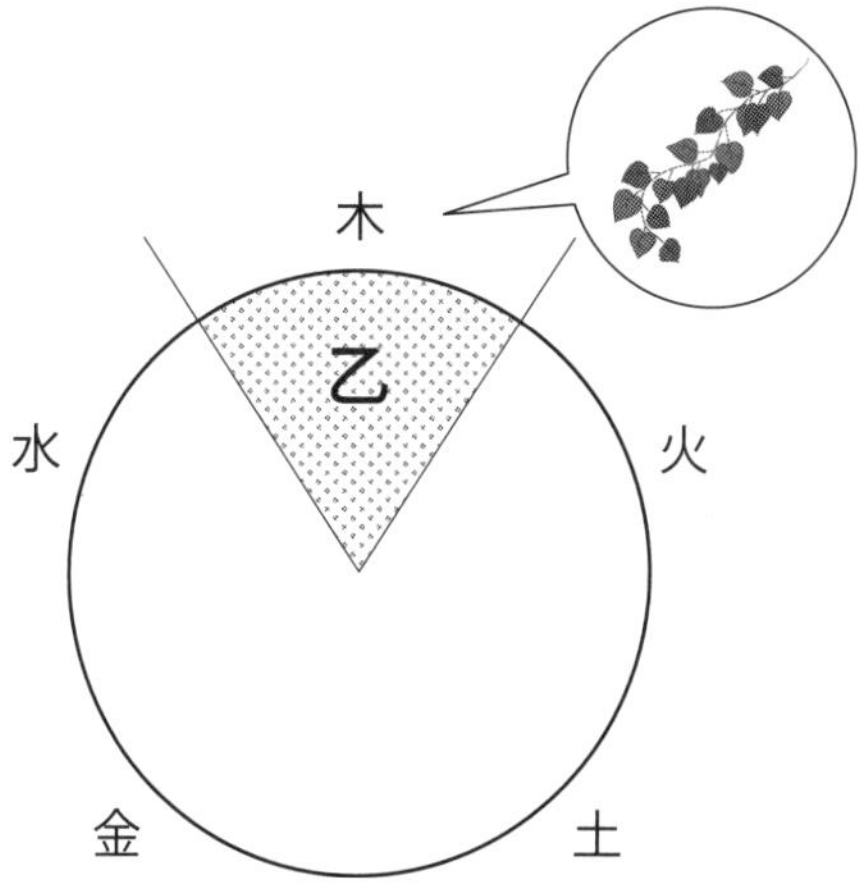

乙 木の性格（一）

反応が速くて、適応力があり、どのような環境でも対応することができます。表面はおとなしく見えても、内面は強い精神力があり、負けず嫌いです。十干の中でも一番努力の星！　コツコツ努力を惜しみません。

現実をわきまえ、自分が置かれた環境の中で発展していこうと考えています。刺激よりも安定を求め、攻めるよりも守りを固めるタイプです。この人は大器晩成型です。

恋愛面では、自分から告白するのに時間がかかります。友達から発展するタイプなので、惚れやすいタイプではないでしょう。

❶花または草、なかなか折れないツタや草などの意味を表します。
❷人々の心を和ませます。
❸想像力、理想主義、柔軟性があります。
❹誘惑に弱く、だまされやすい面もあります。
❺ポーカーフェイスですが、内に秘めた闘争心があります。

乙の性質の有名人

男性	本田宗一郎（ホンダ社長） 舘ひろし（俳優） 石田純一（俳優） 孫正義（ソフトバンクグループ） 貴乃花光司（横綱）
女性	高島礼子（女優） 松任谷由実（歌手、作曲） 安達祐実（女優） 山田花子（漫才） 剛力彩芽（女優）

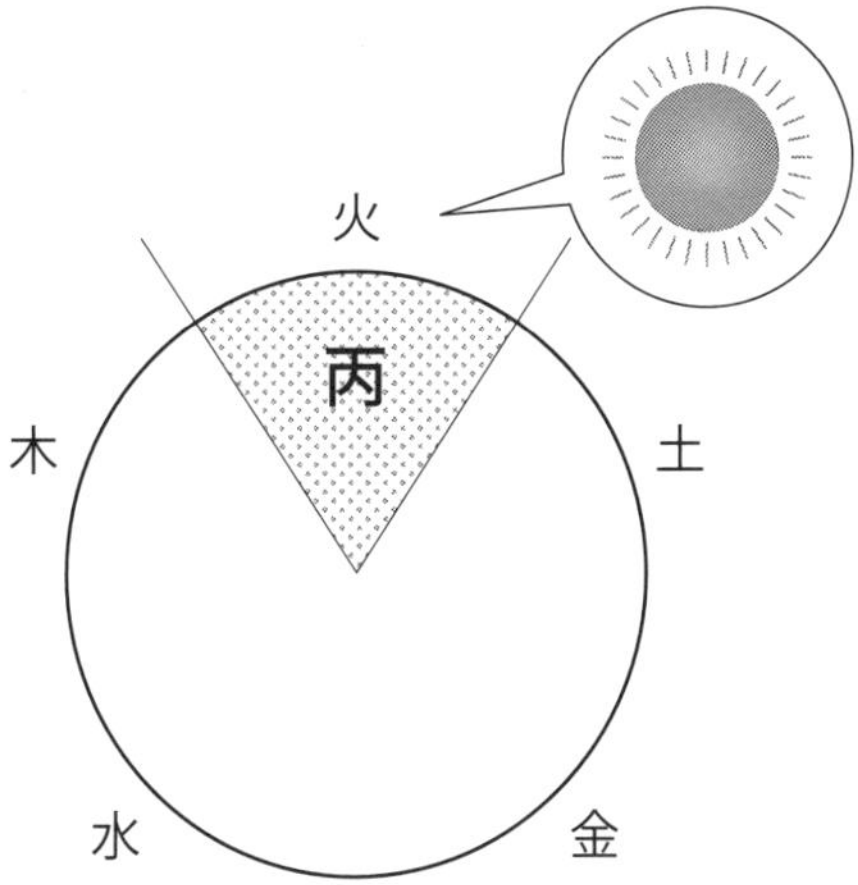

丙 火の性格（＋）

陽気で明るく、活気に満ち溢れたタイプ。

その人がいるだけで周囲が明るくなります。話上手で、友達もたくさんいます。地位や名誉を得るために精神的に行動するのが、このタイプです。最も現実的な性格で、丙の人は十干の中で一番お金に縁があるタイプです。

恋愛面ではとても積極的で好きな人にはモーレツにアタックしていきます。ただ、熱しやすく冷めやすい星ナンバーワンです。コツコツ努力をするのが苦手で、飽きっぽい性格が災いとなるのです。その短所が恋愛にも反映されるので注意が必要です。

❶大空で輝いている太陽を意味します。
❷感情豊かで、楽しんで生きるのが好きです。
❸活発、スピーディーに結論を出します。
❹親切で寛大な性格で、人から好感を持たれます。
❺お金に執着がなく、気前が良くて何かと浪費しがちです。

丙の性質の有名人

男性	井深大（ソニー創業者） さだまさし（歌手） 志村けん（タレント、ドリフターズ） 渡辺謙（俳優） 中山秀征（タレント、司会者）
女性	細木数子（六星占術） 黒木瞳（女優） 松本伊代（歌手、タレント） 上戸彩（女優） 森高千里（歌手）

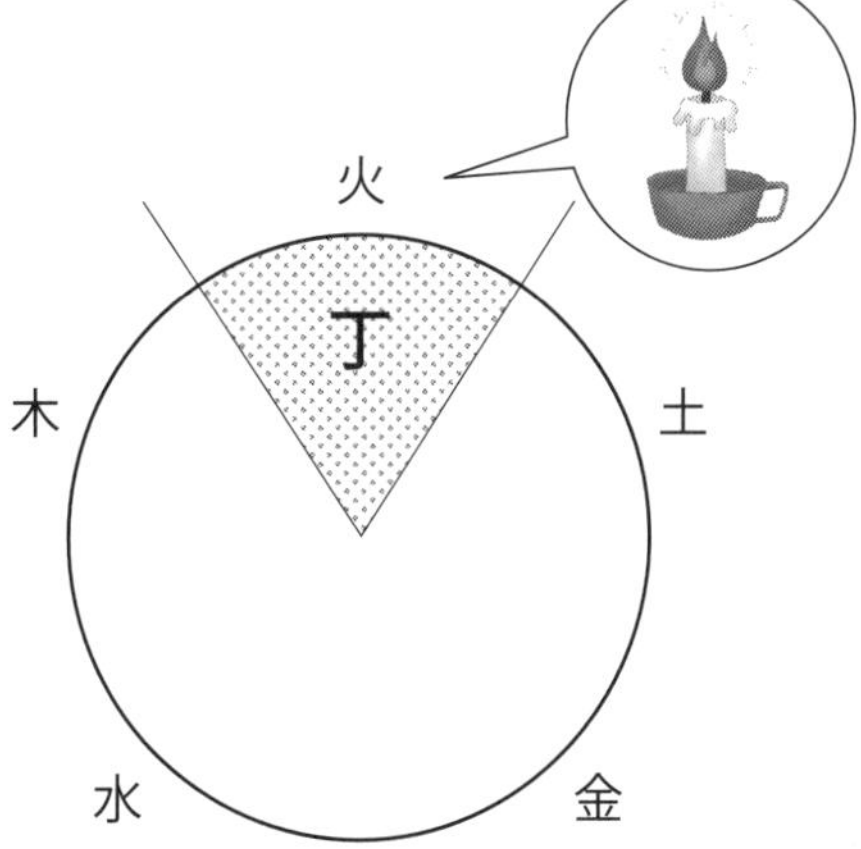

丁 火の性格（一）

知的な方が多い星です。派手な行動より、石橋を叩いて渡る慎重派タイプです。冷静沈着で、周りの癒し系で、身近な人にも信頼されます。

ただ火の象徴なので、外面的には冷静、おっとり系に見られがちですが、内面的にはものすごい激しさを秘めています。このタイプが激怒したら誰も止められないでしょう。丁の人はストレスが溜まりやすいので、普段から本音で話せる友人を持つことが大切です。

恋愛面も外面的と内面的の気持ちが違うタイプです。カリスマ的タイプなので、虜《とりこ》になる人も多いでしょう。

❶ともしび、ろうそくの火、レーザー光線を意味します。
❷知的で頭の切れる人が多いです。
❸不満を人に見せません。
❹緻密な神経を持ち、常に冷静な判断ができる人が多い傾向です。
❺鋭い感性と頭の良さを活かした、クリエイティブな仕事に向いています。

丁の性質の有名人

男性	小沢一郎（政治家） 唐沢寿明（俳優） 西田敏行（俳優） おすぎとピーコ（映画評論家と服飾評論家） ビートたけし（漫才、映画監督）
女性	林真理子（作家、直木賞） 今井美樹（歌手、モデル） 浜崎あゆみ（歌手） 高橋尚子（マラソン、シドニーオリンピックで金メダル） ヘレン・ケラー 松田聖子（歌手）

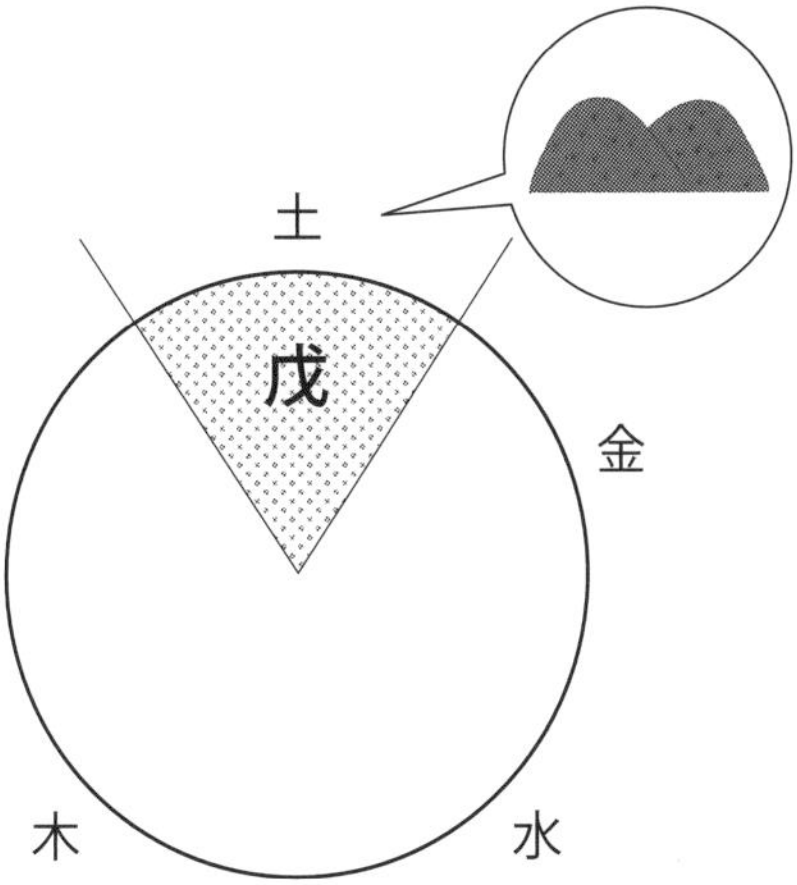

戊　土の性格（＋）

山のようにどっしりとして落ち着いています。少々のことでは動じない強さがあります。人の面倒見も良く、母なる大地のような暖かな包容力があります。何をするにも基礎を固めてから、じっくりと時間をかけて取り組みます。戊の人はマイペースで意志が強いです。粘り強く努力家なので結果を出すことができます。

人間関係は良好です。嫌な人でも上手に対応できる交際上手なタイプです。ただ、頑固になり過ぎる一面があるので注意が必要です。

恋愛になると、そのマイナスな点が足を引っぱりそう。相手に一歩譲ることができないところがあります。

❶山、岩などの大きな土を意味します。
❷働けば働くほど財産は、多く得られます。
❸人に頼られるタイプです。
❹順応性があり、説得力、決断力、自信、技術の性能を持ちます。
❺苦労が多いですが、大器の片鱗《へんりん》があります。

戊の性質の有名人

男性	織田信長（戦国武将）
	香取慎吾／木村拓哉（元スマップ）
	小室哲哉（プロデューサー、歌手）
	本田圭佑（サッカー選手）
	石橋貴明（とんねるず）
女性	久本雅美（司会、タレント）
	矢口真里（元モーニング娘。）
	夏木マリ（女優）
	松たか子（女優）
	井上真央（女優）

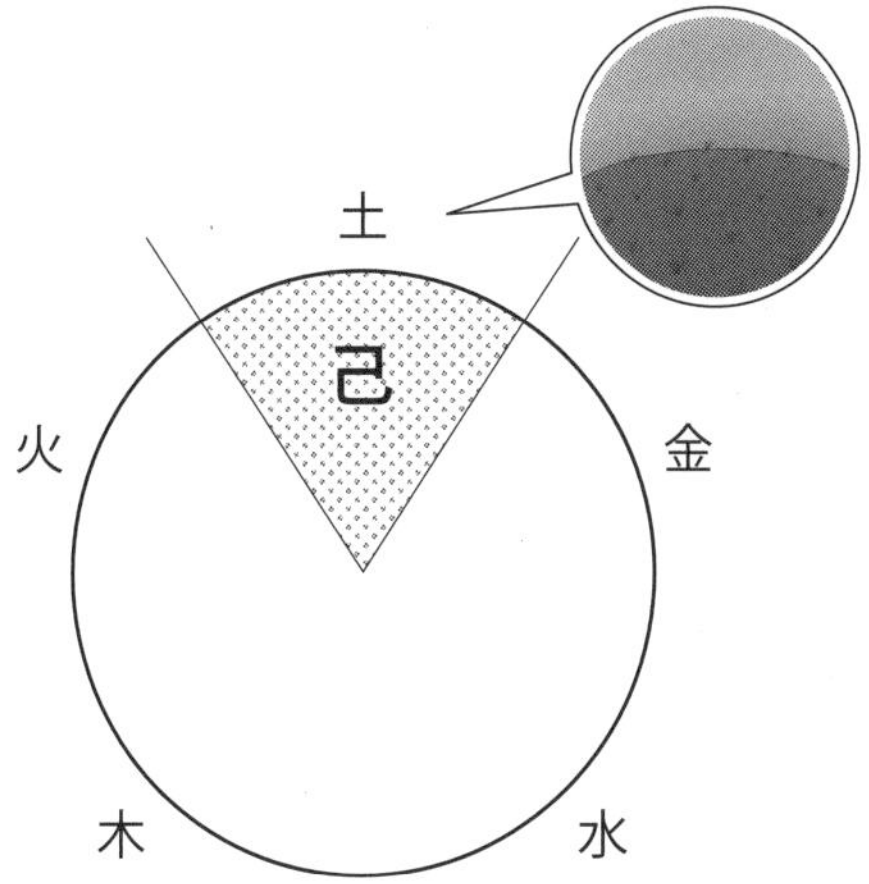

己　土の性格（一）

大衆的で、人情的な星です。周りの人に安心感を与えてくれるので、人に好かれます。

柔軟で理解が速く、多芸多才で器用なので、いろんなことをこなしていける才能があります。

一見、おとなしそうですが、突然、大胆《だいたん》なことをやるパワーを持っているので社会的な成功をするケースも多い星です。

己の人は命令されたり指示を受けたりすることを好みません。自分で目標を決め、非常に粘り強く意志を貫く人が多いタイプです。

恋愛は自分からアプローチをすることがとても苦手です。もう少し積極的になることも必要です。

❶大地の土や畑の意味を表します。
❷柔軟なので、何をやらせても上手にこなし、変化に応じる方法を心得ています。
❸物事に迷いやすいところがあります。
❹コツコツと努力を惜しみません。
❺温和で、控えめなタイプです。

己の性質の有名人

男性	吉田松陰(幕末の思想家、松下村塾) 高橋由伸(野球、巨人) 中田英寿(サッカー選手) 薬丸裕英(タレント) 武豊(天才騎手、史上初の天皇賞三連覇)
女性	薬師丸ひろ子(女優) 深田恭子(女優) 竹下景子(女優) 米倉涼子(女優) 山口もえ(タレント)

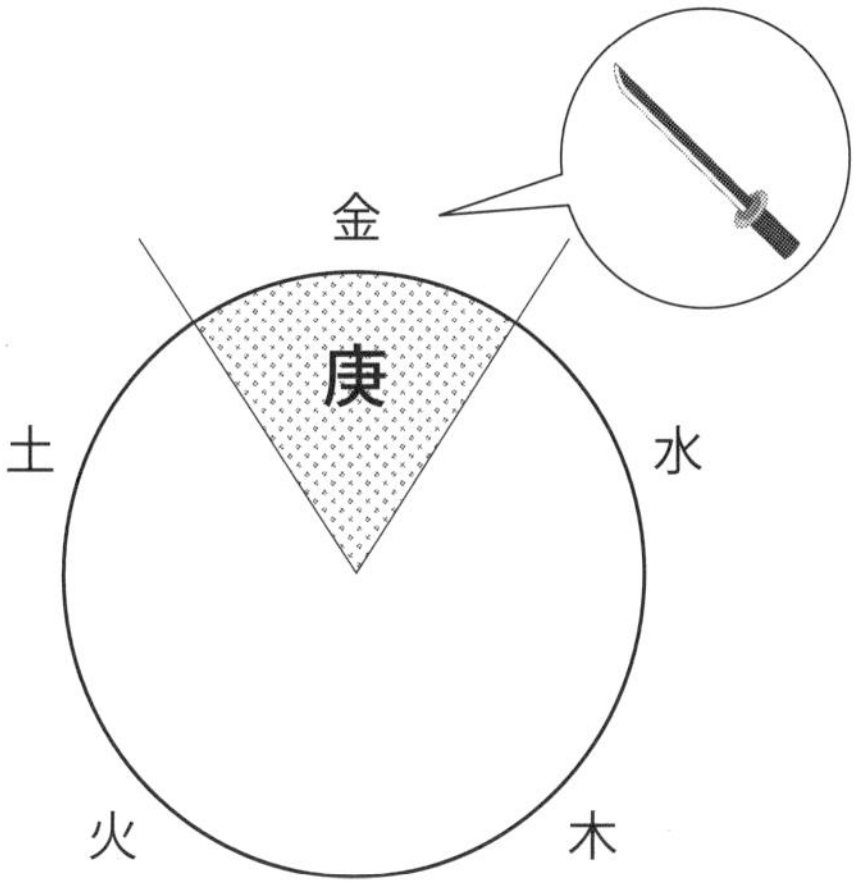

庚　金の性格（＋）

真面目で、責任感が強く面倒見が良いので、周りに信頼され自然と人が集まってきます。

十干の中でも一番ポジティブ志向なので、落ち込むことが少ない傾向があります。

パワフルな人生を生き抜く人が多い星です。また決断力があり、行動もスピーディーです。

政治家、実業家、スポーツなどで成功している人が多くいます。庚の人は不安や困難が生じても、まず行動することで前を向き、解決していく力があります。

恋愛も失恋によって、大きく突飛するタイプです。その後に、もっともっと素晴らしい恋を手に入れることができる星なのです。

❶鉄や固い金属、石を意味します。
❷強い精神力を持ちます。
❸じっとしていることが苦手です。
❹楽天的で衣食住には困らないタイプです。
❺迷っているなら行動して解決した方がいいと考える、行動派タイプです。

庚の性質の有名人

男性	市川猿之助（歌舞伎役者） 羽生善治（将棋棋士） 勝海舟（幕臣） 中山雅史（サッカー選手） 安倍晋三（内閣総理大臣）
女性	中山美穂（女優、歌手） 安室奈美恵（シンガーソングライター） 酒井法子（歌手、女優） 仲間由紀恵（女優） 西川史子（タレント、医師）

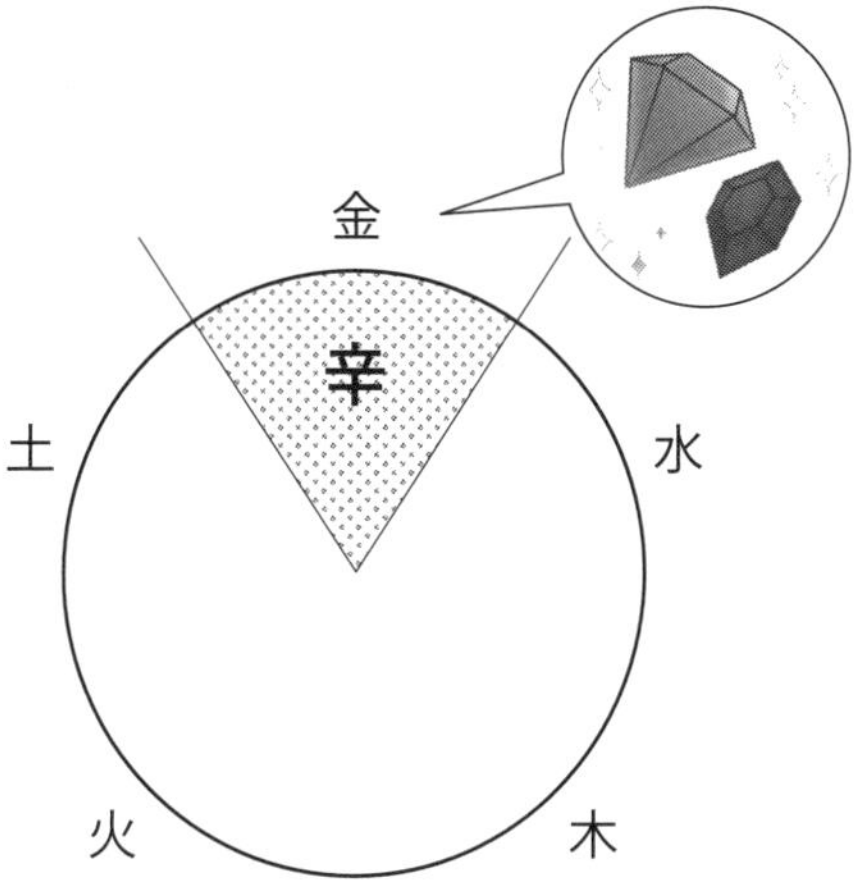

辛 金の性格（一）

理想主義者で金儲けよりも、地位や名誉を望み、自分の本当にやりたいことを継続するタイプです。他の人には見られない、独特な考えを持っています。表向きはソフトに見えますが、芯はしっかりしています。また、頭の回転が速く、いろいろなことに注意が働きます。プライドは十干の中で一番高く、一流志向であり、芸術を好みます。ただ、神経質でとてもデリケートなので体調を崩しやすいところがあります。また極端に思いつめてしまうところがあります。

恋愛は、気品があり魅力的で、異性にモテるでしょう。ただ、理想が高く美意識が強いので、プライドやこだわりが邪魔をすることがあります。

❶貴金属の宝石を意味します。
❷品が良く、華やかさがあります。
❸神経質であり、特殊な才能を秘める人が多いです。
❹現実的で辛抱強い人です。
❺自意識が強く、ナルシストタイプも多いです。

辛の性質の有名人

男性	田中角栄（元内閣総理大臣、ロッキード事件） 東国原英夫（元政治家） テリー伊藤（演出家） 中居正広／草彅剛（元スマップ） イチロー（プロ野球選手）
女性	優香（タレント） 鈴木京香（女優） 常盤貴子（女優） 菊川怜（女優） 菅野美穂（女優）

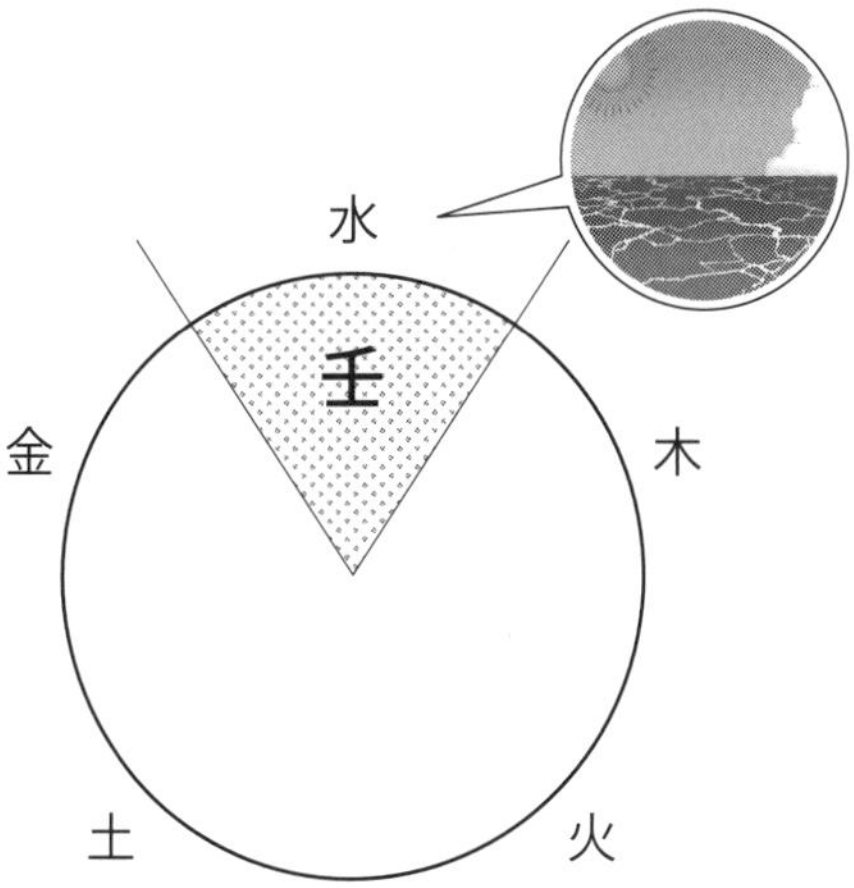

壬 水の性格（＋）

自由を愛し、束縛を嫌いチャレンジ精神旺盛なタイプです。夢を追い続けマイペースで生きる人が多い星です。

また、責任感があり、リーダーシップ型で、世話好きで親切です。壬の人は普段はとてもおおらかで穏やかですが、感情が高まると激情的になりやすいので注意が必要です。

恋愛面においても、好きになったらどこまでも追い求めて相手のハートを射止めます。十干の中でも恋多きタイプで、女性では一番離婚率が高い星です。相性がとても大切な星です。

❶海や湖、川を意味します。
❷情熱的、競争心、決断力、闘争力があります。
❸親元や故郷を離れて成功する星です。
❹海外に縁があります。
❺いったん水が荒れると手がつけられないように激しさを持っています。

壬の性質の有名人

男性	福沢諭吉（教育者、慶應義塾大学創設者） 長嶋茂雄（読売ジャイアンツ終身名誉監督） 山本寛斎（ファッションデザイナー） 小泉進次郎（政治家） 有吉弘行（お笑い芸人、司会者）
女性	松嶋菜々子（女優） 渡辺満里奈（元おニャン子クラブ） 山口智子（女優） 小池百合子（東京都知事、元キャスター） 宮沢りえ（女優）

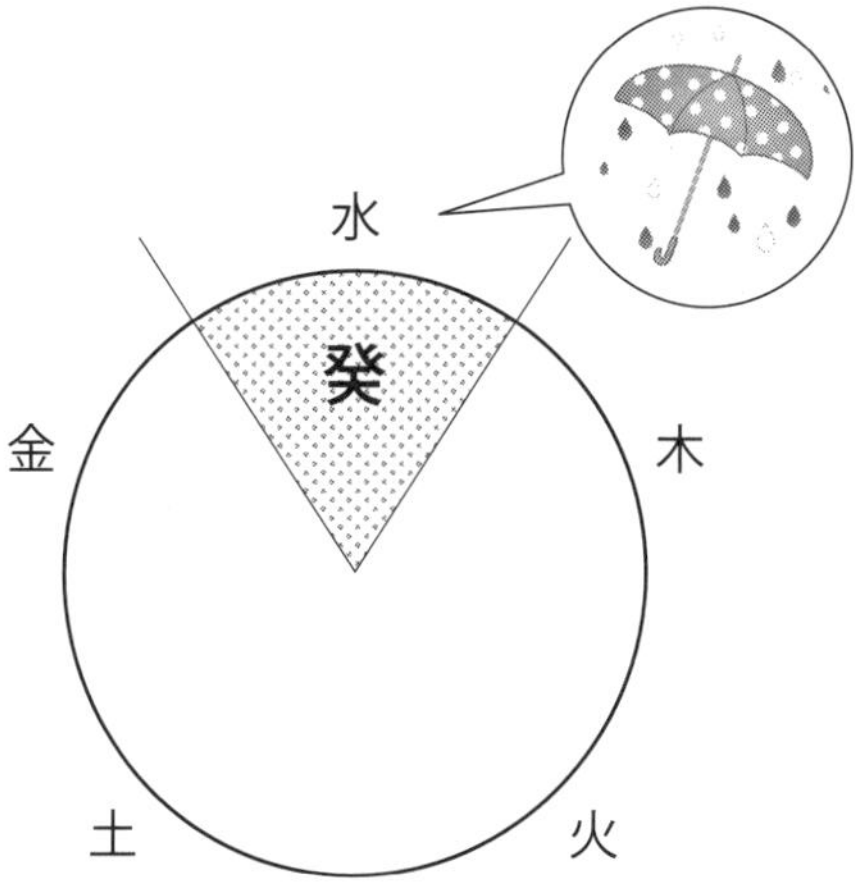

癸 水の性格（一）

粘り強く、真面目で勤勉なタイプです。向学心、向上心に富み、着実に夢や希望を実現します。でも頑張り過ぎて、ストレスを溜めやすいところがあります。そんな時は心落ち着ける時間を持つことが大切です。

癸の人は本質的にはとても順応性があり、社会に出ると責任感も強くなります。トップに立つよりサブとしての役割が多く、縁の下の力持ちで信頼を集めます。

恋愛面ではとてもまめで、尽くします。それによって良い出会いも多い傾向があります。

❶雨を意味します。
❷教育関係、頭脳労働的な働きとする星です。
❸研究心、記憶力、思考力などが高く、自分で開発していく意欲を持った人です。
❹柔軟性があり、どんな環境でも順応できる力があります。
❺コツコツと堅実な努力を重ね、忍耐力を備えています。

癸の性質の有名人

男性	赤塚不二夫（漫画家） 明石家さんま（お笑い、司会者） 宮崎駿（映画監督、アニメの巨匠） 王貞治（野球、ソフトバンクホークス元監督） 堀江貴文（元ライブドア社長、タレント）
女性	神田うの（タレント） 加賀まりこ（女優） 泉ピン子（女優） 瀬戸内寂聴（出家、作家） 小倉優子（タレント）

第5章

変通星解説

変通星の特徴・能力（月上中心）

月柱の変通星を中心に判断していきます。変通星とは、その人の能力や価値観、才能を発揮する分野などを教えてくれます。グレーゾーンの部分が何の変通星になるのか、あなたの星は？　何タイプ？　スマホで命式表を出して、自分の星を探してみましょう！

変通星

年	月	日	時
己卯	丙寅	丙辰	庚寅
偏官	比肩		偏財
沐浴	長生	冠帯	長生
印綬	偏印	食神	偏印

▼リーダー型コントローラータイプ
…**比肩・敗財・劫財**

▼才能型アプローチタイプ
…**食神・傷官**

▼コミュニケーション型プロダクトタイプ
…**正財・偏財**

▼管理型マネージメントタイプ
…**正官・偏官**

▼分析型アナライザータイプ
…**印綬・偏印**

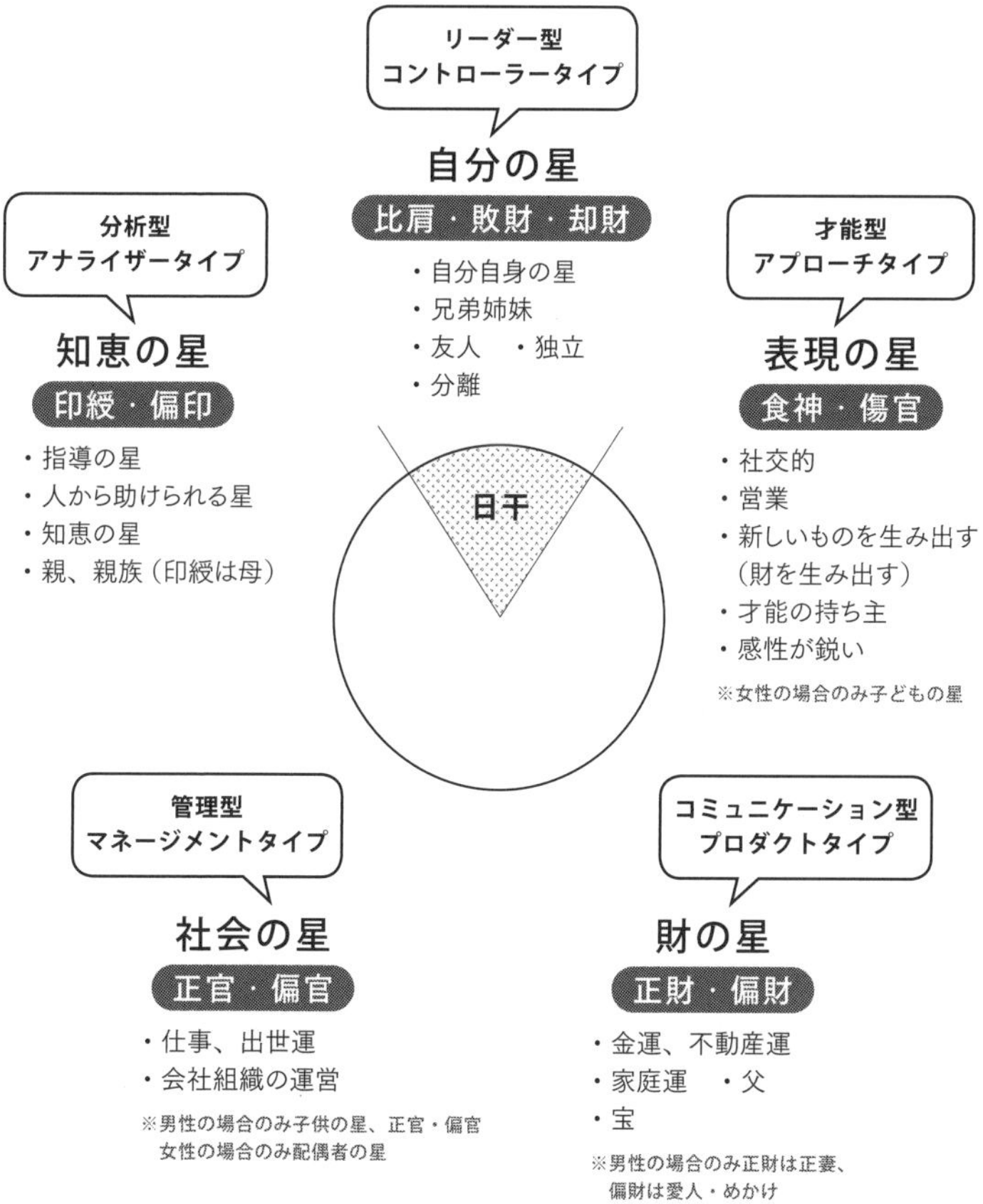

比肩…努力の星／**敗財**…人情の星／**劫財**…強気の星

比《ひ》肩《けん》

独立タイプ

逆境に強く、
強固な精神力を持つ
独立タイプ

吉凶の割合

女命

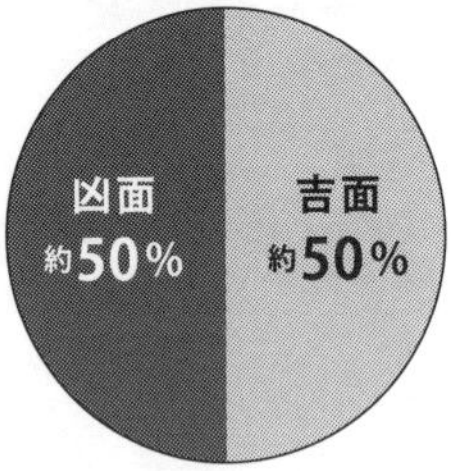

男命

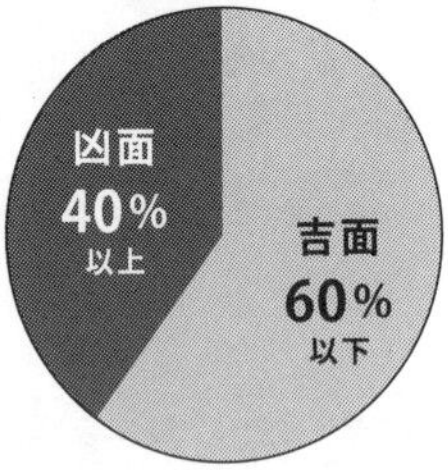

長所

この星を持つ人の性格は、個性的でマイペースで周りの人の意見に流されることなく、目標に向かって邁進努力をする星です。

逆境にも強いので、最後まで目的に向かってやり抜く強さがあります。とてもメンタル面も強く、心身ともにバランスが良く、周りの環境に流されないタイプなのです。心が折れない強さがあります。

同じ比肩の分類に入る、劫財・敗財に比べて竹を割ったようにさっぱりとした性格です。

短所

分離の星ですので、人生に生き別れ、死に別れが多いのも特徴です。

人に媚《こ》びることが嫌いで、目上との縁に摩擦を生じやすいところがあります。比肩が強過ぎると、一匹狼的になり孤立しやすく、人の意見や気持ちを汲む努力を怠ってしまいがちです。

人間関係を円滑に対応することができず、出世につながる大切な要因を逃してしまうこともあります。

職業

自由業・束縛されない仕事・弁護士・医師など。

ワンポイントアドバイス

共同で何かをするタイプではないので、自分で独立独歩で行くことが自分らしく生きられるでしょう。国家資格を取得等目標は高く、指導者としての立場でいる環境であれば、能力を発揮できるでしょう。

比肩の性質の有名人

男性	角川春樹（事業家、出版界の風雲児）
	梅沢富美男（俳優、女形）
	マツコ・デラックス（女装タレント）
	小泉進次郎（政治家）
	井深大（ソニー創業者）
女性	松嶋菜々子（女優）
	沢尻エリカ（女優）
	有森裕子（マラソン選手、バルセロナ五輪で銀メダル）
	豊田真由子（元政治家）
	林真理子（作家）

敗《はい》財《ざい》

ナイーブタイプ

人情に流されやすく、
内面は我慢強い
ナイーブタイプ

吉凶の割合

女命

男命

長所

敗財の星は、とても人情味があり、人に頼られると嫌と言えない面があります。困っている人を見て放っておけないタイプです。周りに合わせる能力も優れ、人の痛みがわかるので、人から悩みの相談をされやすいタイプの方も多いです。

短所

敗財は弱気の失敗を表すので、消極的なタイプであるように振る舞いがちですが、内に秘めた欲望や、身勝手さも持ち合わせているので我を出さないことが大切です。人情に流されて失敗しやすい方が多いタイプです。

また、お金のトラブルなど、財を流しやすくなるので注意が必要です。

両親や兄弟との縁が薄かったり、両親が離婚していたりする場合もあります。また、両親が揃っていても平和な家庭で過ごすことができない場合がある星です。

職業

奉仕のボランティア関連全般・介護士・保育士・看護師・技能士など。

ワンポイントアドバイス

劫財と同様、お金に関心がとても強い星です。独立業にも向いていますが、人の情で活動することがとても大きな収入につながります。

客観的に知恵のある人のアドバイスに、耳を傾けることが肝要で、大切です。

敗財の性質の有名人

男性	掛布雅之（元プロ野球選手、阪神、解説者、借金） 中村獅童（二代目歌舞伎俳優） 森田正光（天気予報士、お天気キャスター） 葉加瀬太郎（ヴァイオリニスト） 山口達也（元TOKIO）
女性	森山良子（歌手） 中村玉緒（女優、夫の不祥事で苦労） 小林麻耶（フリーアナウンサー引退） 広末涼子（女優） 吉田美和（DREAMS COME TRUEボーカル）

劫《ごう》財《ざい》

アクティブタイプ

積極性と大胆さを
兼ね備えた
アクティブタイプ

吉凶の割合

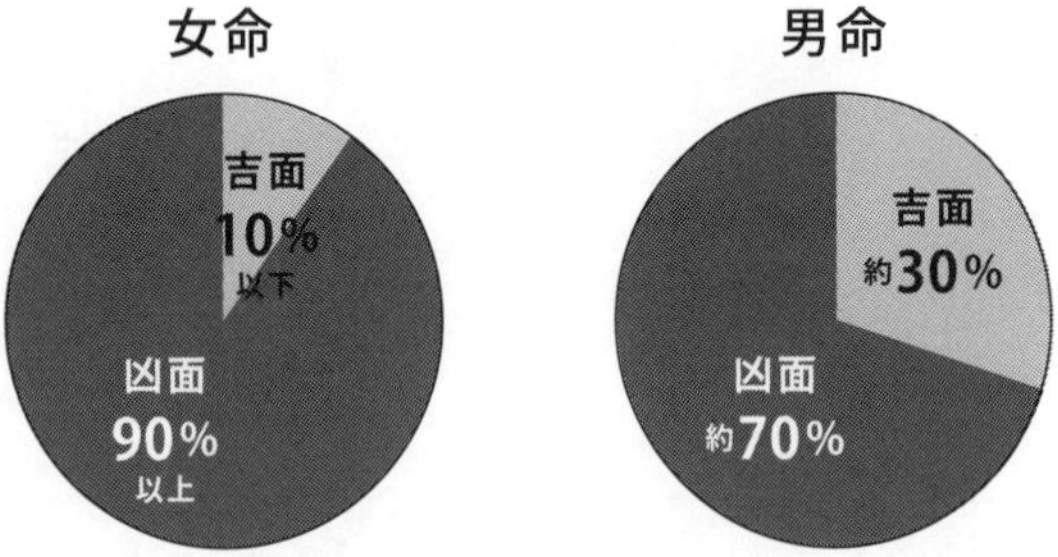

長所

劫財の星は積極性と思い切りのよさがあります。現実を突き動かすパワーも持ち、行動力があり、大きな夢を抱いている人が多いです。大きな運を動かし、チャンスを呼び込む力があります。

短所

劫財は、強気の失敗を表すので、ギャンブラー的、ブローカー的な賭博的要素も秘めているので、とても大きなお金を動かす力もありますが、大きな借金を抱えてしまうことも多い星なのです。まさにハイリスク・ハイリターンの典型であるのです。

人の意見にも耳を傾けることができません。

敗財と劫財の違いは、楽して儲けたいギャンブル的考えの劫財と、ネガティブ志向の強い敗財です。人生の中でお金のトラブルや、家庭内のトラブルが多い星です。

職業

外資系企業の営業・仲介業・投機的な仕事・貿易業・独立業など。

ワンポイントアドバイス

金儲けに関する関心がとても強い星です。行動力は人一倍、世界を見つめ押しの強さで勝負していきましょう。

劫財の性質の有名人

男性	武田信玄（戦国武将、風林火山） 羽生結弦 （フィギュアスケート、 ソチと平昌五輪で金メダル） 小栗旬（俳優） 茂木健一郎（脳科学者） 長渕剛（シンガーソングライター）
女性	桂由美（ブライダルデザイナー） 谷亮子 （柔道、シドニーとアテネ五輪で金メダル） 小倉優子（タレント） 篠原涼子（歌手、女優） 荒川静香 （フィギアスケート、トリノ五輪で金メダル）

食《しょく》神《しん》

オアシスタイプ

包容力があり、
周りに癒しを与える
オアシスタイプ

吉凶の割合

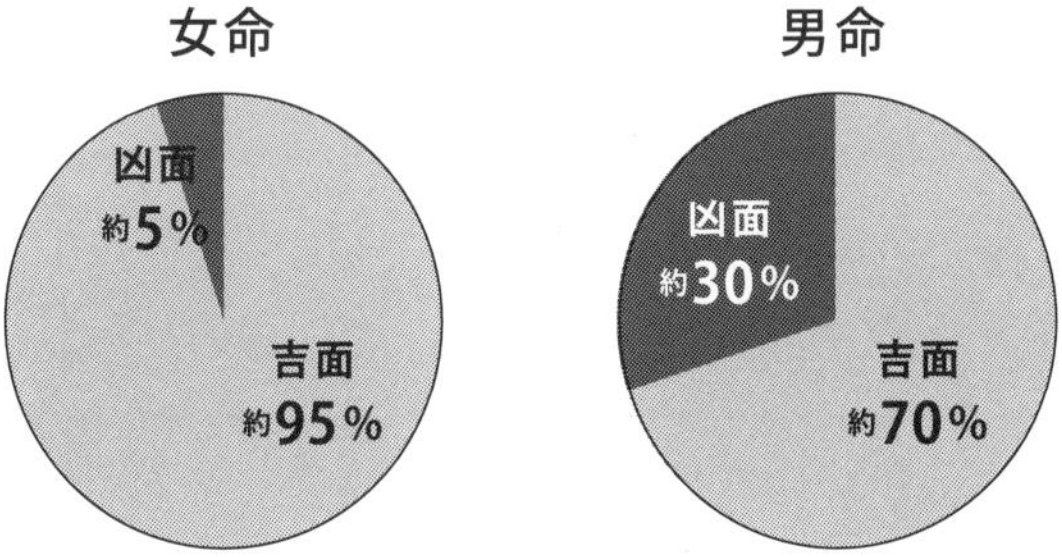

長所

衣食住、健康、安定を保障され温厚、慈悲深く人間的な優しさがあります。とても平和主義で人と争うことが嫌いです。

ロマンチストで、美食家でもあります。

音楽や感覚的に楽しむことに興味を持ち、自分の思うよう生きることができるタイプです。

また、五行図から見てもわかるように財を生み出す星であるので、一生衣食住に困らない運を持つ星です。

短所

いつも穏やかな性格ですが、一番の失敗は、男女問題です。異性を引きつける色気を漂わせる面があるので、色情的な問題が生じやすい傾向があります。

食神の星は、人と調和して行動するので、いつも受け身的な姿勢になりがちで、何を考えているのか理解してもらえない面もあるので損をしがちです。

とてものんびり屋なので、だらしないとか、優柔不断であると判断されてしまう傾向もあります。

職業

飲食関係・サラリーマン・サービス業・農業・個人事業・接客業・娯楽関係など。

ワンポイントアドバイス

とてもソフトな人当たりなので、お金儲けに走らず、人とのコミュニケーションを高める活動ができると、仕事が発展していくでしょう。

お人好しで脇が甘い点に注意が必要です。

食神の性質の有名人

男性	徳川家康（江戸幕府）
	松下幸之助（実業家、経営の神様）
	赤塚不二夫（漫画家）
	二宮和也（嵐）
	黒沢明（映画監督）
女性	西川史子（医師、タレント）
	竹下景子（女優）
	大島美幸（お笑いタレント）
	YOU（タレント）
	長谷川理恵（モデル）

傷《しょう》官《かん》

クリエイティブタイプ

天才的な
感性を持つ
クリエイティブ
タイプ

吉凶の割合

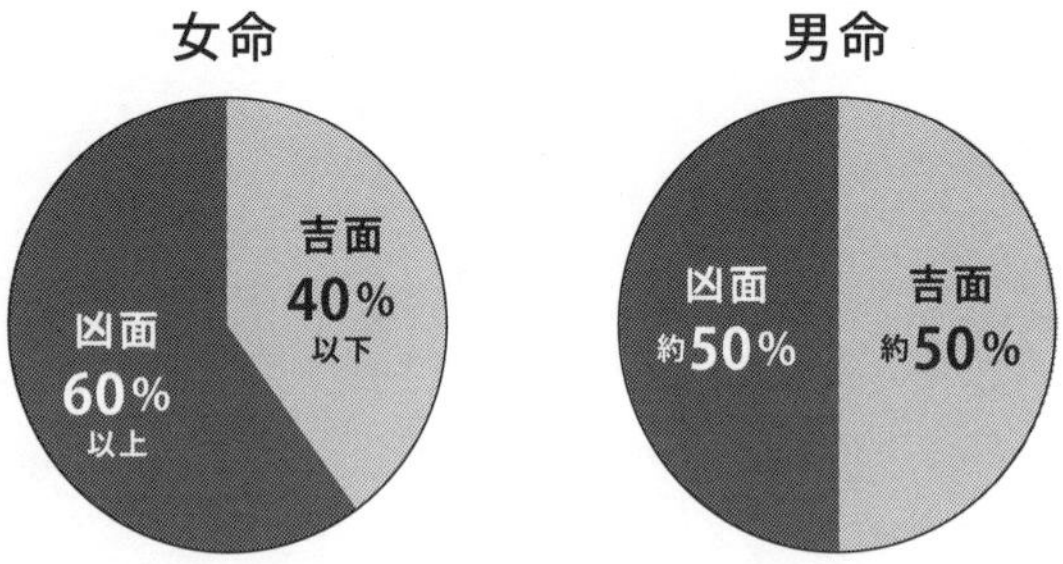

長所

感受性が強く、相手の心の中を見抜く能力を持ち合わせている天才型の星です。傷官の星は、見極めが鋭く、未知なるものを創り出し、改革する能力は、他の星にはない鋭さを持ちます。その創造性の高さを活かし新たなるものを生み出します。非常にクリエイティブなタイプで、才能で財を生む星です。

また、頭脳明晰《めいせき》で、決断も早いので大きなチャンスをつかむこともできます。「傷官美人」といって、男性も女性も美男美女が多い星です。

短所

プライドが高く、星のバランスによっては自分の感情をコントロールすることができなくなる星です。特にプライドを傷つけられた場合に、問題を生じる傾向が多くあります。

傷官の星は、五行のバランスによっては事故や事件を起こしたり、逆に巻き込まれたりすることがあります。次ページの五大原則を参考にしてください。

【傷官の五つの注意点】

❶傷官は官星との強い剋が凶を招く（偏官）。

❷傷官は旺相（帝旺・建禄・冠帯・沐浴）を嫌い、休囚を（死・墓・絶）を喜ぶ。

❸傷官を抑える星は、印星と財星。最高に吉。

❹傷官は、年上を嫌う。（死・墓・絶）であれば問題は少ない。

❺日干土（戊・己）で、金（庚・辛）の傷官が一番荒れる。

傷官は良く働けば天才を生み、悪く働けば波乱となりうる星なのです。

職業

ＩＴ関係・インスピレーションの高い職・建築士・スポーツ関係・弁護士・弁理士・料理家・デザイナーなど。

ワンポイントアドバイス

特殊な才能を秘めており、人が思いつかない事柄を提案できる才能の持ち主です。

感覚、インスピレーションなどを活かせる仕事を選ぶことが大切です。

傷官の性質の有名人

男性	イチロー（プロ野球選手） ブルース・リー（カンフー俳優） ジョン・レノン（歌手、ビートルズ） 櫻井翔（嵐） 安倍晋三（内閣総理大臣） タモリ（司会者、タレント）
女性	RICACO（タレント、モデル） 土屋アンナ（モデル、女優） 薬師丸ひろ子（女優、歌手） 乙葉（タレント） 坂井泉水（ZARD、歌手）

偏《へん》財《ざい》

営業タイプ

吉凶の割合

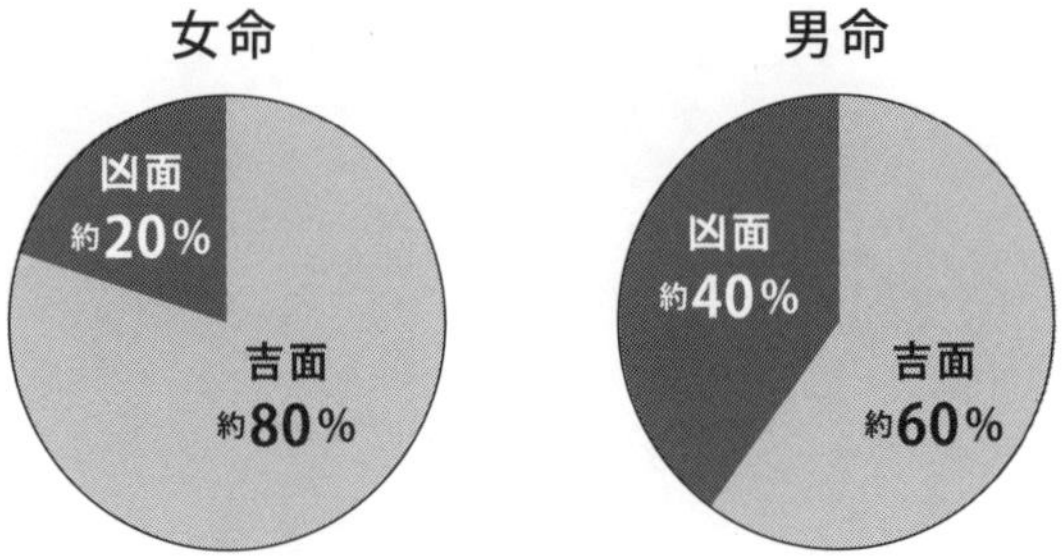

長所

偏財は、お金を運用する星です。腰が低く、人当たりもソフトです。抜群の社交性があり、堅苦しいことは嫌いです。流動の財を表すので、お金を眠らせておくより上手に人を喜ばせ、先行投資をして運用していく実業家のタイプです。商売人やお店の経営、創業者としても成功します。

この星は、人気運があり、人やお金、物が集まるところに、成功のチャンスを見出します。

短所

男性の場合、偏財は愛人や、妾《めかけ》という正妻以外の女性を表すので、色情的要素が強くなりやすい星です。家庭を壊さないように気をつける必要があります。

男女問わず、金銭トラブルを起こしやすい傾向があります。

交際も派手でお金を気前良く使い、出入りも多くなりがちです。

職業

小売業全般・貿易・流通分野・仲介業・営業職など。

ワンポイントアドバイス

サービス精神も旺盛で人気の星です。根っからの商売上手でもあります。巧みな話術で周りを魅了してしまうのも、能力といえます。どの分野でも活躍できます。

偏財の性質の有名人

男性	ビル・ゲイツ（実業家、富豪） 市川海老蔵（11代目歌舞伎俳優） 長嶋一茂（元野球選手、コメンテーター、タレント） 福山雅治（俳優、シンガーソングライター） 大野智（嵐）
女性	仲間由紀恵（女優） 黒木メイサ（女優、モデル） 宮沢りえ（女優） 島倉千代子（歌手） 森光子（女優）

正《せい》財《ざい》

ビジネスマンタイプ

見えない努力で
信頼を集める
ビジネスマン
タイプ

吉凶の割合

女命

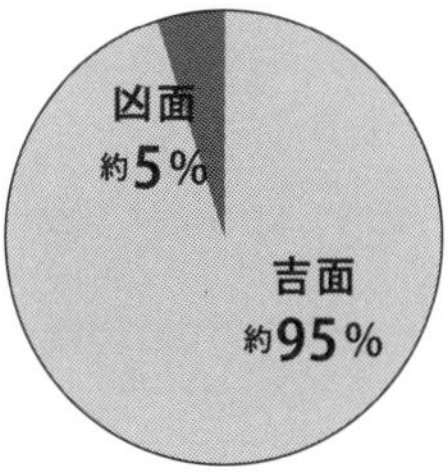

男命

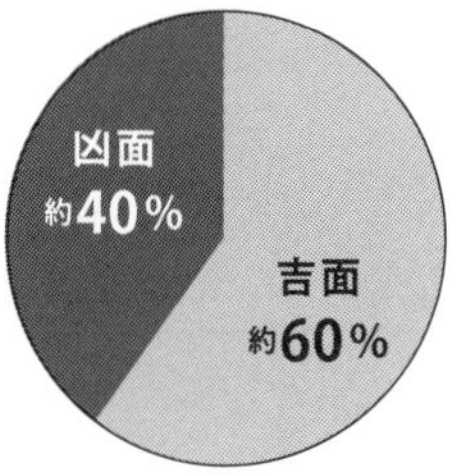

長所

誠実で勤勉、正直で真面目で穏やかなタイプです。会社員・公務員・銀行員という感じの方が多い星です。

人間関係もとても大切にしているので、人からの信用もあります。

何事にも、常識的な人で、コツコツ努力を惜しまない点に評価を生むことができる星です。

また財星は、裕福な家庭に生まれることも多く、先祖からの徳を受けられるラッキーな星です。

財星は五行で表すと、家庭や宝、財運を表すので、女性にとっては命式に一つは欲しい星といえます。

正財は、固定の財なので投機的な方法ではなく、手堅く貯蓄をし、固定の財を築いていくタイプが多いです。

短所

とても真面目過ぎて、気が小さいので、人に振り回されてしまう面があります。また他人からの評価を気にする面があります。トップとしては、決断力と決裁力に欠ける面があり、優しい面が良く働かないところもあります。

職業

銀行・損保・保険（金融関係）・教員・公務員・管理事務関係・研究職など。

ワンポイントアドバイス

数字の管理や、堅実な姿勢で、周りから信用を得ることができます。とはいえ、間違いなく、商売には不向きです。もっと上手に世の中を渡る要領の良さを学ぶとよいでしょう。

真面目ですから、コツコツと堅実に財を築くことが大切です。

正財の性質の有名人

男性	羽生善治 （将棋棋士、天才、史上初七冠） 小室哲哉 （作曲家、プロデューサー） 石原慎太郎 （作家、元東京都知事、『太陽の季節』で芥川賞） 岡本太郎（芸術家） 東山紀之（少年隊）
女性	黒柳徹子（司会者） 小池百合子 （東京都知事、元キャスター） 蓮舫 （政治家、民進党党首、元キャスター） イルカ（歌手） 池坊保子（政治家、華道家） 矢口真里（元モーニング娘。）

偏《へん》官《かん》

親分肌タイプ

義理人情があり
行動力はピカ一
親分肌タイプ

吉凶の割合

女命

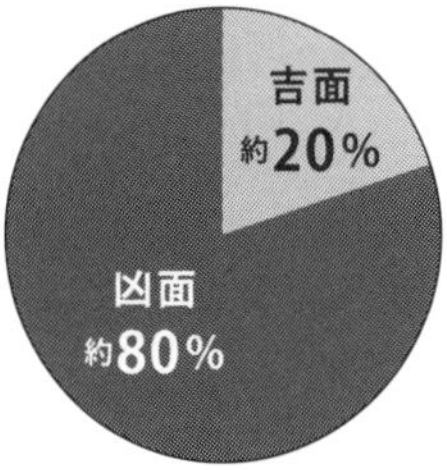

男命

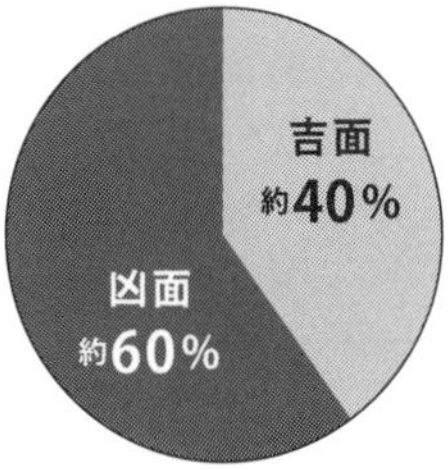

長所

義理人情に厚い、革命の星。

正義感が強く、親分肌で困った人を見ると一肌脱がずにはいられない性分です。頼られてしまうと、とても面倒見が良いタイプです。強きを挫《くじ》き、弱気を助けるという星ですから、上に媚びることをよしとせず、自分を頼ってくる人にはとても尽くす人が多い傾向となります。

仕事面でも、頭角を現し、行動的で封建的な社会を作り出します。

短所

偏官は、比肩から数えて七番目に当たるため、別名「七殺」と呼ばれています。その七番目に当たる星は、自分の星を（比肩）強く剋する星となるので、辛い試練を経験します。

五行のバランスが悪ければ、人生にいつも波乱を生じ、英雄の星から、足元をすくわれることにもなる、荒れやすい星が偏官の星です。

偏官は「官位が動く」という意味から、職や会社を転々としたり転勤族が多かったりとする傾向があります。

上から抑えられることが嫌いなので、上司との意見対立が多くなります。

職業

経営者・政治家・一般企業の営業マン・小売店の店長・自衛隊など。

ワンポイントアドバイス

一生できる仕事を持つことが幸せの道です。仕切り過ぎ、出しゃばり過ぎないことも大切です。心のバランスを保つ必要があります。

偏官の性質の有名人

男性	吉田松陰（幕末の思想家、松下村塾） 豊田喜一郎（経営者、トヨタ自動車創業者） パブロ・ピカソ（画家） 松井秀喜（元野球選手） 槇原敬之（シンガーソングライター）
女性	松田聖子（歌手） 松本伊代（歌手、タレント、ヒロミの妻） 小泉今日子（歌手、女優、エッセイスト） 名取裕子（女優） 深津絵里（女優）

正《せい》官《かん》

エリートタイプ

気品と正義感で
魅了する
エリートタイプ

吉凶の割合

女命

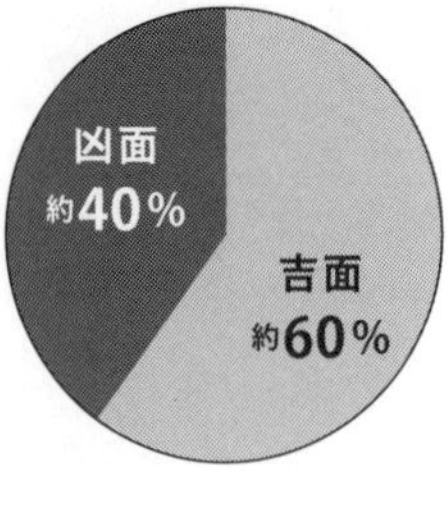

男命

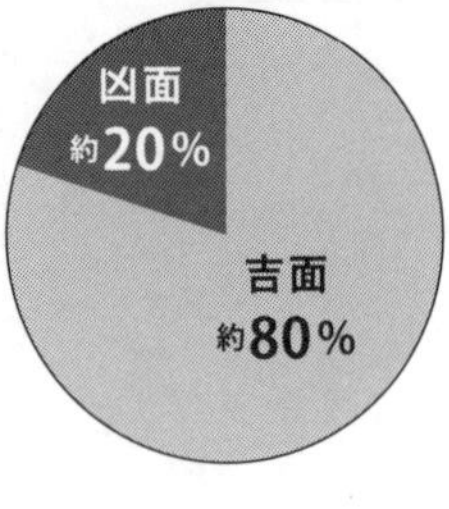

長所

とても品格があり、上品でエリートタイプです。

貴人の星であるので、高貴で、優雅な貴公子の星です。

またとても責任感が強く管理能力も高いので、一番出世ができ、名誉・地位を得ることができる星です。主導力があり自ら正義感と信頼感も高く、堅実な人生を生きていきます。

短所

プライドが誰よりも高いので、世間体を一番気にする星です。

男の星を意味しますので、女性がこの星を持つと主人の変わりをするようになり、一生仕事に追われる傾向があります。

職業

組織の管理職全般・公務員・官僚・大企業のサラリーマン・秘書など。

ワンポイントアドバイス

貴公子の星。真面目で礼儀正しく社会的信用は高いのですが、プライドが高過ぎる面が運を傾けます。

大きな組織の中で活動をした方が、力量を発揮でき、活躍できるでしょう。

正官の性質の有名人

男性	田中角栄（元内閣総理大臣、ロッキード事件） 橋下徹（弁護士、元大阪市市長） 宮崎駿（映画監督、アニメの巨匠） 石川遼（ゴルフ、史上最年少賞金王）
女性	ココ・シャネル（デザイナー） 堀北真希（女優） 和田アキ子（歌手、タレント） 吉本ばなな（小説家） 梅宮アンナ（タレント）

偏《へん》印《いん》

技能系タイプ

自由を好んで
内面を磨く
技能系タイプ

吉凶の割合

女命

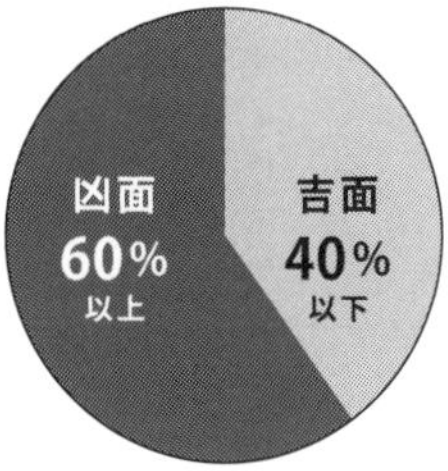

男命

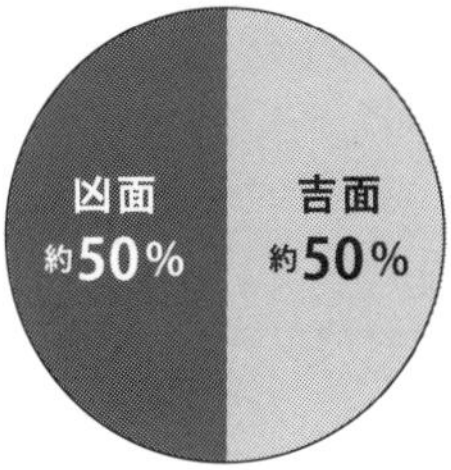

長所

物質的世界より、非物質的世界を重んじる星です。

芸能・芸術分野に秀で、伝統文化なども自由に発想を膨らませます。

偏印は、宗教や哲学、心理学の分野や、精神的な分野などにとても興味を持つ傾向があります。占い師、スピリチュアル系精神的方面で活躍している方も多いです。

また現代芸術方面、芸能にも才能があります。理数系が得意の方が多い星です。

自由で開放的な分野に知的好奇心をそそがれるタイプです。

短所

精神性の星であるので、何事も先々のことを考えて、不安になりやすい星です。

また慢性の病気になりやすい傾向があります。

知的好奇心旺盛ですが、三日坊主になりやすいところがあります。

職業

芸術家・占い師・漫画家・マスコミ関係・芸能人・特殊才能の職人・出版関係・企画職・法律関係・経理・税理士など。

ワンポイントアドバイス

深く悩みを抱えてしまう傾向があり、病気の根を広げないように心理学、易学など学ぶとよいでしょう。

飽きっぽい面がありますが、どうしたら楽しく続けられるのかを見い出せれば、その道のスペシャリストになれます。

偏印の性質の有名人

男性	武豊（天才騎手、史上初の天皇賞三連覇）
	新海誠（アニメ監督、『君の名は』）
	長嶋茂雄（野球、巨人終身名誉監督）
	長友佑都（サッカー選手）
	東国原英夫（元政治家）
女性	大地真央（女優、宝塚スター）
	北川景子（女優）
	コシノ・ジュンコ（服飾デザイナー）
	松嶋尚美（タレント）
	高橋尚子（マラソン選手、シドニー五輪で金メダル）

印《いん》綬《じゅ》

学者タイプ

伝統芸能を守り、
人を育てる
学者タイプ

吉凶の割合

女命

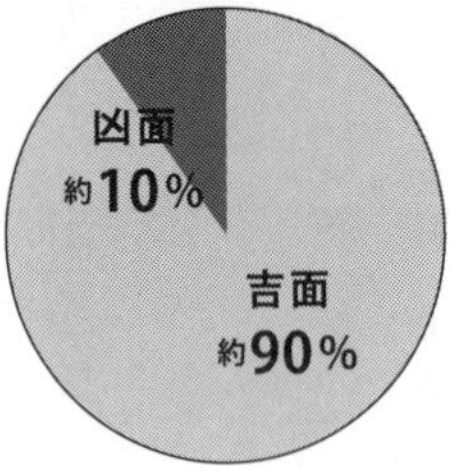

男命

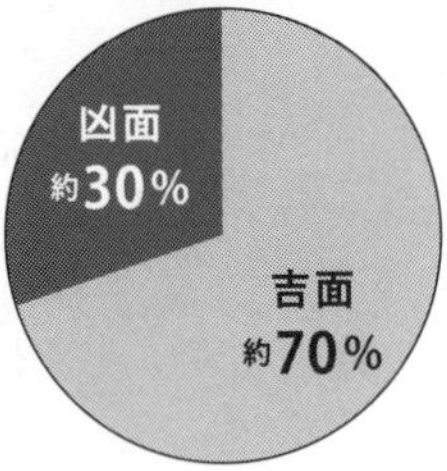

長所

頭脳明晰で、学問の星です。独創的な発明、発見などの能力も高いです。また人を育てる教育者にも適しています。学問・芸術方面にも能力を発揮する星です。文系分野が得意で語学、文章力の能力が高い傾向があります。

熟考する知恵があるので、石橋を叩きながら渡って行くタイプです。計画性のない生き方はしません。

さらに年長者や実の母との縁がとても深く、目上の方からの援助も多い星です。

周りの環境から得られる知恵を、自分のものにできる才能があります。

短所

好奇心は旺盛でも、行動力、決断力に欠けるためチャンスを逃しやすい傾向があります。

職業

教育関係全般・指導的管理職（教師・監督）・研究者・学術関連・宗教家・作家など。

ワンポイントアドバイス

資格を取って、知識や技術を磨いておくと将来助けになります。

正官の性質の有名人

男性	藤井聡太（天才棋士） YOSHIKI（ミュージシャン、XJAPAN） 堀江貴文（元ライブドア社長、タレント） 武田鉄矢（歌手、海援隊、俳優） 中居正広（元スマップ）
女性	安室奈美恵（歌手、引退） 上戸彩（女優） 美空ひばり（歌手、歌謡界の女王） 菅野美穂（女優） さくらももこ（マンガ家）

第6章

十二運解説

人の人生になぞらえた十二運

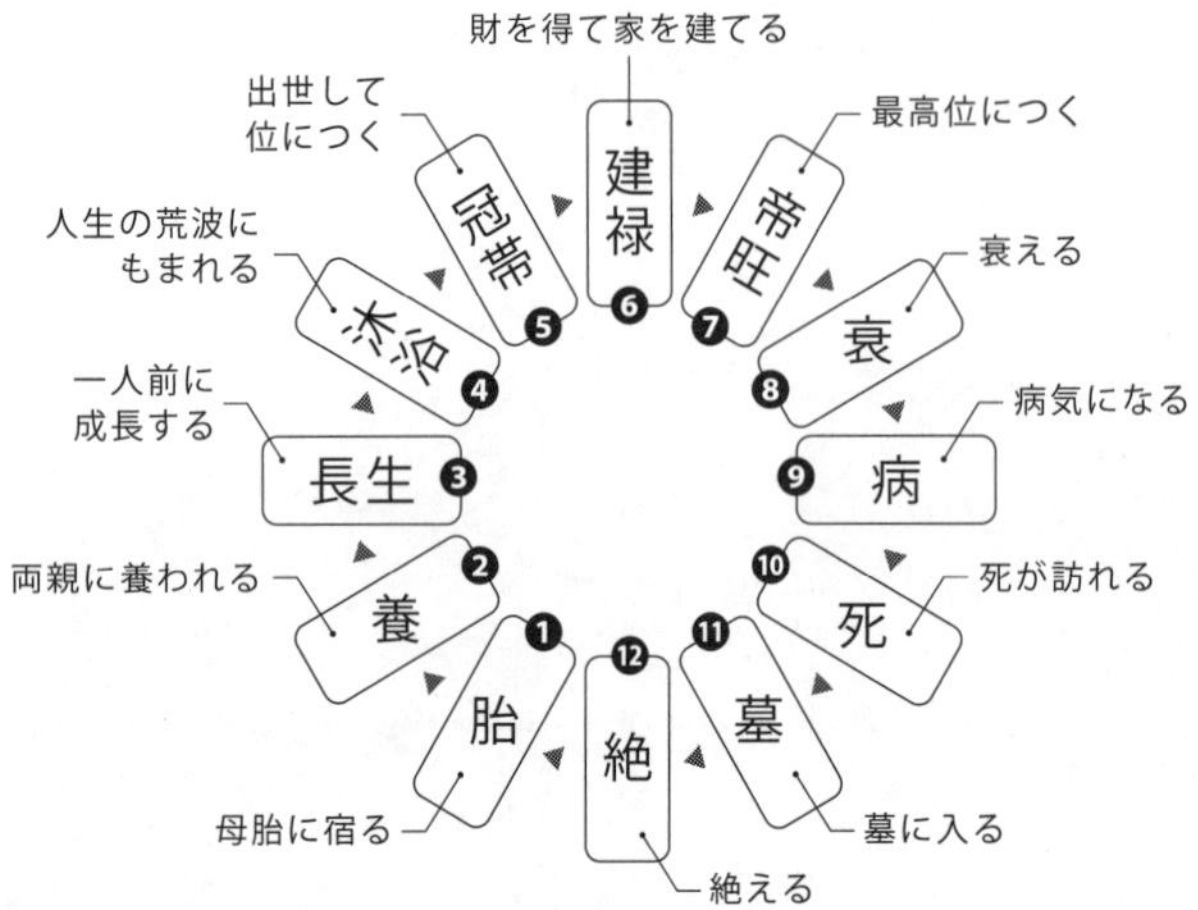

❶ **胎** 母のお腹の中にいる状態

❷ **養** 産声を上げて〜小学生

❸ **長生** 中学生〜高校生

❹ **沐浴** 18歳〜成人

❺ **冠帯** 青年期

❻ **建禄** 壮年期

❼ **帝旺** 最高期

❽ **衰** 老年期

❾ **病** 老後期

❿ **死** 永遠の生命

⓫ **墓** お墓に入る

⓬ **絶** 次の転生への時期

旺相	長生・冠帯・建禄・帝旺（沐浴を含める場合もあります）
荒れる運	沐浴
中庸	胎・養
衰運	衰・病
休囚	死・墓・絶

五行推命には、星のエネルギーの強弱や、その質を測る星があります。これが十二運（地支星）です。

十二運は単独でも意味を持つのですが、天干星との組み合わせによって、吉凶の判断に役立ちます。

11個の変通星との組み合わせによって（比肩・劫財・敗財・食神・傷官・偏財・正財・偏官・正官・偏印・印綬）個性の輝きを与え、さらなるドラマを演出する星といえるでしょう。

命式を読み解くにも、この十二運をつけ加えることにより、より深い見方ができ命式のさまざまな風景を表すことができるのです。

十二運を人の一生の流れにそって説明したいと思います。

❶ 生日に胎がある場合

子供の頃は甘えん坊で、長く親の手がかかり、独立するのが遅くなります。自分で生きる力より、母体の環境によって明暗が変わる状態を表すからです。成長とともに心と体のバランスも整い、発展していきます。普段は大人しい星ですが、命式によっては、個性的な一匹狼的な傾向も出ます。

それは反対側に帝旺があり、窮鼠猫《きゅうそねこ》を噛むような行動を取る場合もあるからです。

普段は大人しい星ですが、胎は常に理想を追い続ける面がありますが、飽きっぽいところがあるので、持続する精神面を強化することが大切です。

男性は婿《むこ》養子になりやすく、女性は婿養子を迎えるなど養子運があります。

他柱に胎や養が重ねて出ていると、その傾向がさらに強くなります。

❷ 生日に養がある場合

ここまでが幼年期の時期になります。

周りから守られ、愛される天性を持ちます。人間関係は円満です。屈託もなくオープンな性格が周りを動かします。

ただ、わがままになりやすい点と、努力が足りない傾向があります。その点を乗り越えた時、社会に出て、地位や財産に恵まれるでしょう。

胎と同様に養子運があります

❸生日に長生がある場合

思春期に差しかかる時期を表します。性格は素直で順応性があり、人からとても好かれます。明朗活発で、行動的です。

また新しものにも関心があり、常に前向きに発展していきます。

福寿を表しますので、衣食住にも恵まれます。人からの信用、評価は高いでしょう。

❹ 生日に 沐浴 がある場合

沐浴は、変動、荒れる運です。安定を欠きやすい星です。古典では、沐浴を「敗神・敗地」と呼び、波乱運として嫌われる十二運とされています。

性格的に自由人であり、精神的にも肉体的にも、反抗期の時期に当たります。自分で学び苦労することで成長します。いろいろな経験をすることで発展していく修行の星です。

人の意見を聞かず、行動的で開放的である点に、災いを招きやすいので注意が必要でしょう。

❺ 生日に 冠帯 がある場合

先見の明があり、見た目もとても華やかです。新しいものにもとても敏感で適応能力が高いので、周りからも高い評価を受けることができます。

周りの中心にいることとなるでしょう。地味でいると、冠帯の良さが発揮しません。強い星なので、自己本位にならないように、周りとの歩調を取るように心がけることが大切です。

❻生日に 建禄 がある場合

独立と財運の最強星です。大物的要素を持ち、物腰が柔らかく、頭が低く、とても温厚そうに見えますが、自分にも他人にも厳しい面があります。

人柄は円満ですが、権力志向で、地位や権力に強い意志を持ち続けています。

十二運の中で一番出世する星です。

❼生日に 帝旺 がある場合

カリスマ的で、強運で貫禄があります。夢や目標を持つと、どの星よりも力量を発揮します。ただ帝旺は最高のトップの星です。人から指示されることを嫌います。

また強引に物事を進めると足元をすくわれるので注意が必要です。

功を成し遂げて、トップから次の代に引き継いでいく役割があり、人生の曲がり角の節目を上手に展開していかなければならないでしょう。

❽生日に 衰 がある場合

内向的な傾向になり、体力、気力が衰え始めます。派手なところはなく、保守的となり、謙虚で控えめです。優しさがあり、落ち着いているので家庭的な方が多く、女性に一番良い星です。

社会に出て積極的に先頭に立つタイプではなく、縁の下の力持ちであり、人を輝かせる二番手で活躍できる星です。明るい印象が運を発展させるでしょう。

❾生日に 病 がある場合

内面的に、取り越し苦労が多く、本音を人に言えない面があります。事が起こる前に杞憂《きゆう》しがちで、心配性な面がマイナスを引き寄せてしまいます。

人の立場に立って何事も考えられるので、周りからの信用も厚く、とても頼りにされます。さらに直観力や閃きもあり、人の心を見抜く力は抜群の能力を持っています。

⑩ 生日に 死 がある場合

静止して、人生の理想と現実を経験し、次の代に受け継ぐ活動に入る時期を表しています。早死にをする星ではありません。

とてもスピリチュアルな感性が強い人が多いです。第六感が発達しているのです。努力家で、人の見ていないところでもコツコツ頑張るのですが、決断力がないのでチャンスを逃してしまいがちです。もう少し、自分を表現してもいいでしょう。

⑪ 生日に 墓 がある場合

経済観念が鋭く、財を蓄える知恵を持っています。時には、かなり吝嗇《りんしょく》な人も多い星です。何故ならば、墓は別名「財庫」といわれ「金庫」を意味するからです。墓は、ご先祖を守る墓守の役割があり、先祖から、とても守られている星でもあります。九死に一生を得る人にこの星がついていることが多く、先祖の守り神とも呼ばれる星でもあるのです。

また歴史的なものや、精神的なものにとても興味がある人が多いのも、この星を持つ人の傾向といえます。

⓬生日に 絶 がある場合

特殊な才能があります。とても物腰が柔らかく、清楚《せいそ》で冷静です。新しい生命に生まれ変わるという意味も含み、思わぬ結果を得ることが人生の中で起こる星でもあります。前向きな気持ちで、何事にもチャレンジしていく気持ちが大切です。

第7章

安田式五行図解説

安田式五行図の解説

❶五行図は、内面性、本質を表している。
❷五行のバランスによって目で見てズバリと簡単に判断ができる。
❸バランスが良いと運勢が荒れない。
❹星●が三つ以上固まっている場合の意味を「太過《たいか》」と呼ぶ。
❺どの部分が太過しているのか？　どの部分に星がないのか？　で判断する。

社会の荒波を戦い抜いて成功を勝ち取った人たちは、五行のバランスが偏っている、個性的な人が多いという事実があります。

バランスの取れている人は主張するだけでなく、妥協や譲歩も心得ているので、安定した運命に支えられていく傾向があります。

まず、五行図で、自分のどの部分に星があるのかを見てみましょう。特に星●が固まっている所がポイントとなります。

比肩　個性が強い・独立独歩・我が道を行く。
敗財　人情的で人の痛みがわかる人。
劫財　華やか・大胆・ギャンブラー・精神で人生を切り拓いていく。
食神　衣食住に不自由しない。
傷官　天才・神経が鋭い。
正財　真面目・堅実・ナルシスト。
偏財　商売人・コミュニケーション社交家。
偏官　義理人情が厚い。
正官　貴人の星。
偏印　技能面。
印綬　芸能・学問。

五行の最も良い並び

図のように、すべての星が（木・火・土・金・水）にバランス良く平均している場合。大運、流年に星が増えても、すべてに問題がない五行図のバランスです。運が荒れない、平均的な一生を送ることができる並びとなります。

男性には少し物足りない、革命を起こす命式ではありませんが、女性にとっては安定した一生を送れるバランスの良い命式となります。

【五行の最も良い並び】

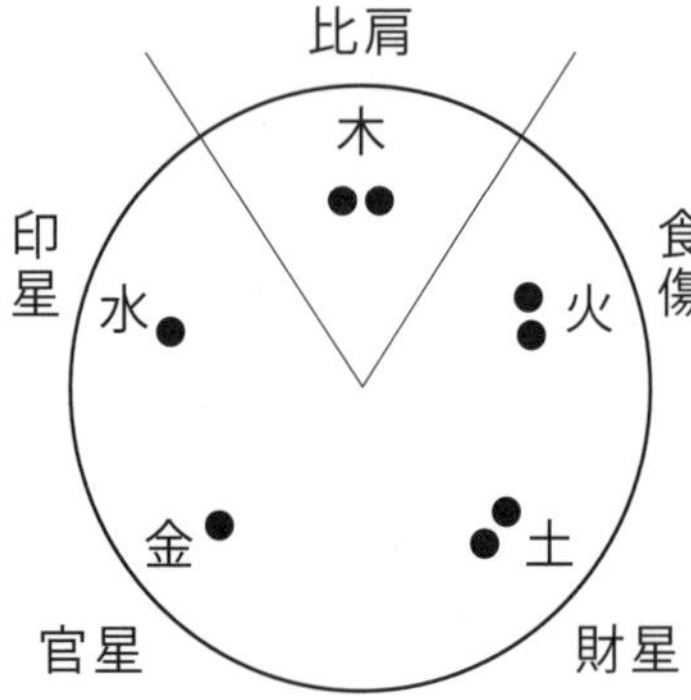

比肩に星が太過している場合

【比肩に星が太過】

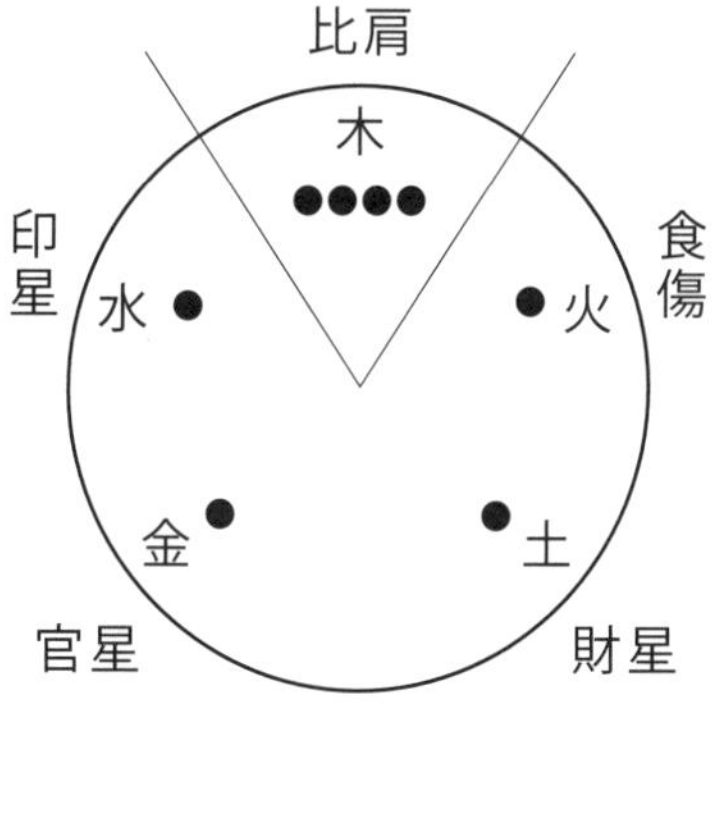

自我の星が固まっていることを意味します。

五行の比肩（木の所）に四つ以上星が集まっている場合、とても社会性も強く、逆境にもよく耐え、立ち向かう強さを持ち、とにかく粘り強くやり抜く力があります。

男女ともファイトマンで、行動力もあるのでやり手の星です。しかし、個性が強くなり過ぎると、周りとの協調性を欠いて、独裁的な面が、波乱を生じさせます。

人間関係を円滑にすることがとても大切な命式となります。ただ、決断力と、最後までやり抜く精神力の強さは、群を抜きます。この比肩の星が四つ以上太過した並びの星は土台がしっかりとしているので、多少の困難や障害にも強く、凛としています。

実際、この並びの星は、経営者、政治家、実業家などが多くいるのです。比肩の星が、一つや二つしかないトップ経営者の場合、大胆なスピード決断をすることができないので、ここ一番といったチャンスを逃す傾向があります。

さらに星一つの場合は、人をまとめ上げる能力も乏しく、大きなお金を動かす力が弱くなります。

※そうならないためには、補う星が必要です。この星の並びは、独裁者的にならなければ、革命的なことを成し遂げる可能性を持つ並びとなります。

【長所】 個性が強い・独立。
【短所】 一人が好き・頑固・言い出したら聞かない。

食神・傷官に星が太過している場合

【傷官・食神に星が太過】

感受性の星が多いことを意味します。この五行に（火）食神・傷官の星が固まると、感受性が強まり、とても特殊能力が高いので、感覚的な鋭さが幸いして運をつかむチャンスに恵まれます。

ただ、四つ以上食神・傷官の星が太過するので、精神的に不安定になりやすい並びとなります。

財星があるので、財運はありますが、この五行には、印星がないので感情面をコントロールする面ができなくなります。

ヒステリーやノイローゼの症状が出やすく、感情的な問題が発生するので注意が必要となります。

火は金を剋するため、女性の場合は旦那様を傷つける星となるので、離婚、再婚と縁が変わりやすくなる並びです。だからこそ、惚れただけで相手を決めず、配偶者になる人との相性がかなり大切な要因となりますので、冷静に決断することが大切です。

【長所】 特殊才能がある・鋭敏な感覚を持つ・財を生み出す。

【短所】 感性が強過ぎてデリケート過ぎる・人を傷つけ自分も傷つきやすい。

偏財・正財に星が太過している場合

【偏財・正財に星が太過】

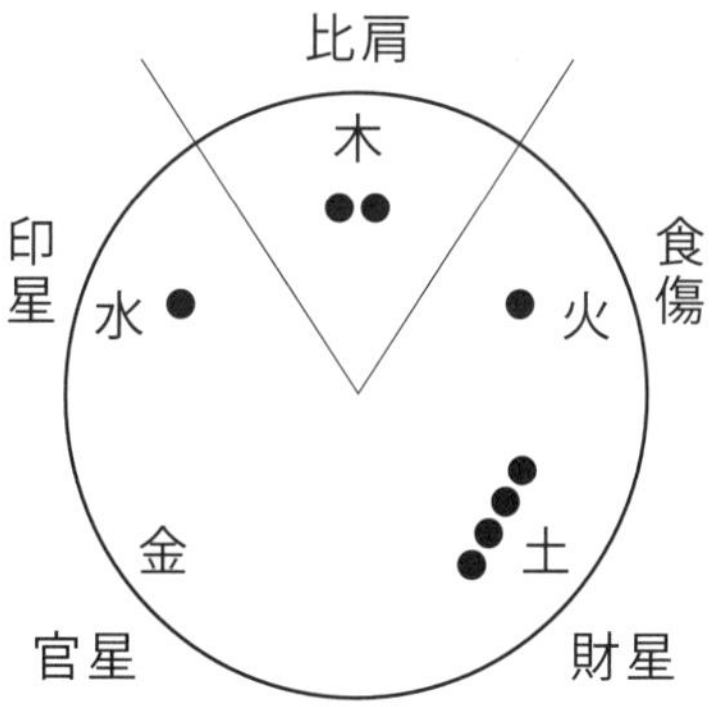

お金の星が固まっているという意味です。財星（土）が太過した場合、男性は性格もおとなしく、優しく迫力に欠ける面がでます。女性の場合も、優しく両親、舅《しゅうと》、姑《しゅうとめ》の面倒を見る状態になりやすい星です。

財星が多い場合、男性の場合女性問題と金銭トラブルに注意が必要です。

女性の場合も同様、家庭面や金銭トラブルに難が出やすい並びとなるので、常に金銭感覚を持っていることが必要です。

【長所】　お金に縁がある・話術が巧み・人気運あり。
【短所】　財のトラブル注意・お金にだらしがない・男性の場合は女性のトラブル注意。

偏官・正官に星が太過している場合

【偏官･正官に星が太過】

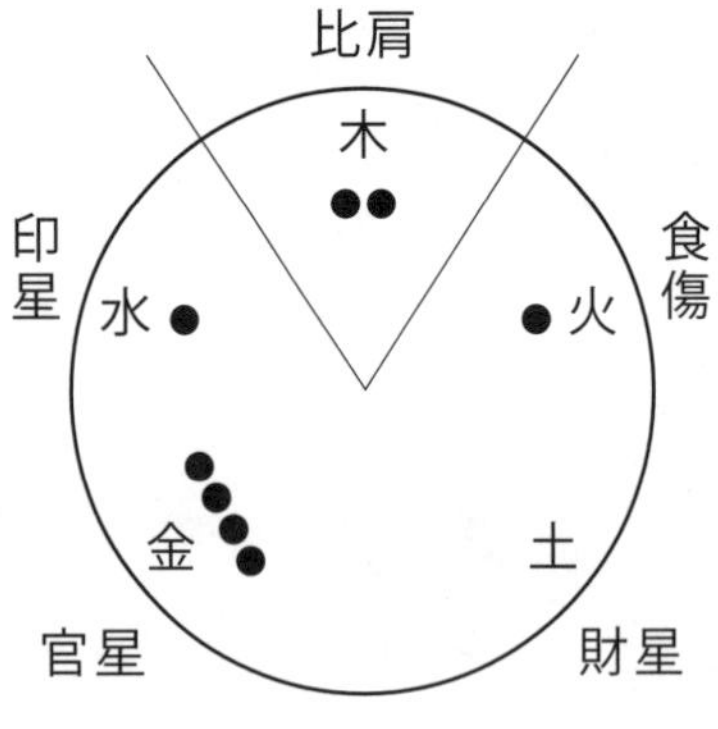

社会性とプライドと行動力の星が固まっていることを表します。官星が太過すると見た目は品がありますが、男性の場合、一番プライドも高く、曲がったことが嫌いで、人とのコミュニケーションを穏やかに取ることができません。

その面が悪く出ると、感情面でも怒りやすく、すぐカッとなりやすいので、一息つく冷静さを身につけることが必要です。それは、官星から直接に剋される星が、自分の星となるからです。

官星太過の場合は、社会から自分を傷つけられるかたちとなるのが、強い剋となりますので、波瀾万丈《はらんばんじょう》となりやすく、職業的な変化が多くなりやすいのです。

女性の場合は、一番離婚率が高く、結婚は相性の合う方でないと問題も多くなりやすい並びとなります。

【長所】責任感・行動力がある・義理人情が厚い・筋を通す。
【短所】ライバルが多くて葛藤《かっとう》する・バッシングされやすい・劇場型で切れやすい。

偏印・印綬に星が太過している場合

【印綬・偏印に星が太過】

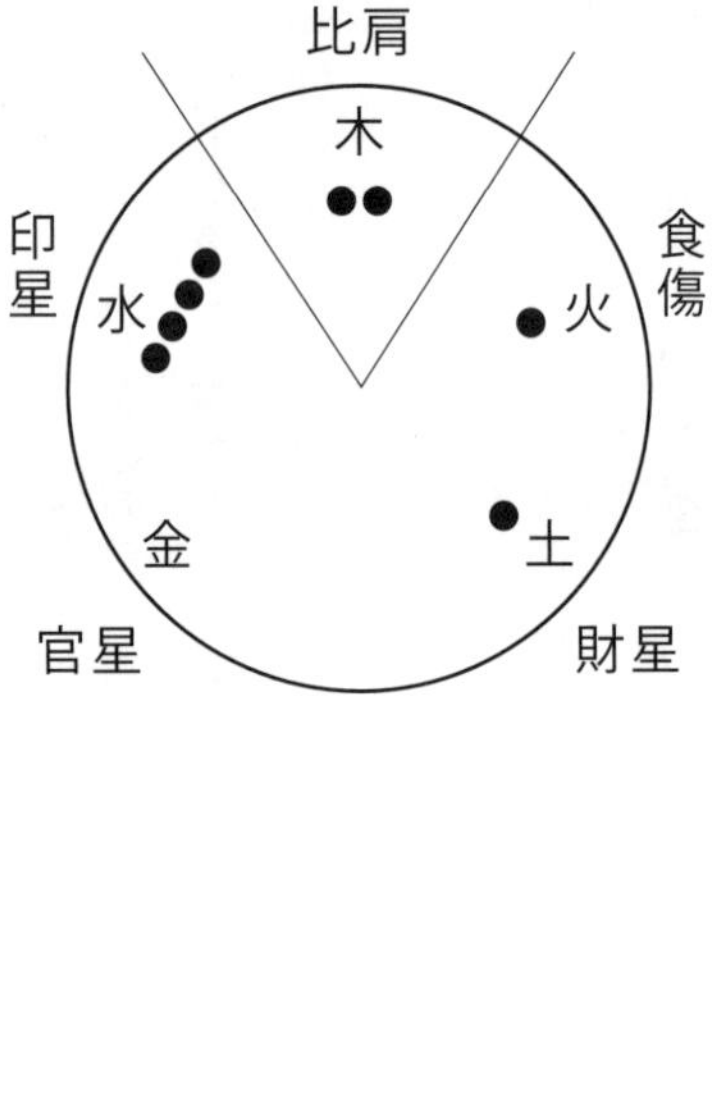

印星が太過すると、男性の場合はとてもおとなしく、知能的で学術、芸能、教育分野に発展がありますが、不満を持ちやすく、愚痴《ぐち》っぽくなってしまうので、注意が必要です。

印星の太過の場合は比肩（自分）の星を強める関係になるので、芯の強さや、頑固な面がより強調されることもあります。

人間関係上も問題を生じやすいので、協調性を持つことが大切です。他に社会性の官星や比肩の星がない場合、ニートになりやすいタイプです。

女性の場合は、細かい点などとても気がつくので良妻といえます。

男女とも官星の時期がチャンスになります。


【長所】勉強好き・コツコツ努力をする・人からの援助引き立てがある・物事を深く考える。

【短所】優柔不断・考え過ぎ・依存性がある。

才能は財産

第8章

五行図分類法

五行図の分類法

五行を見る時に、比肩を中心として左右と上下、五行に該当する変通星を四つのグループに分類することができます。

この五行図から五行の偏り方によって命式の特徴をまとめ、解説を加えてみました。自分の命式は何グループでしょうか……。

グループ1（食傷生財型）

比肩・食傷・財星と五行図の右側に星が並んでいる場合、食傷生財型の命式となります。

これは、典型的な商売人型となり、無

【グループ1（食傷生財型）】

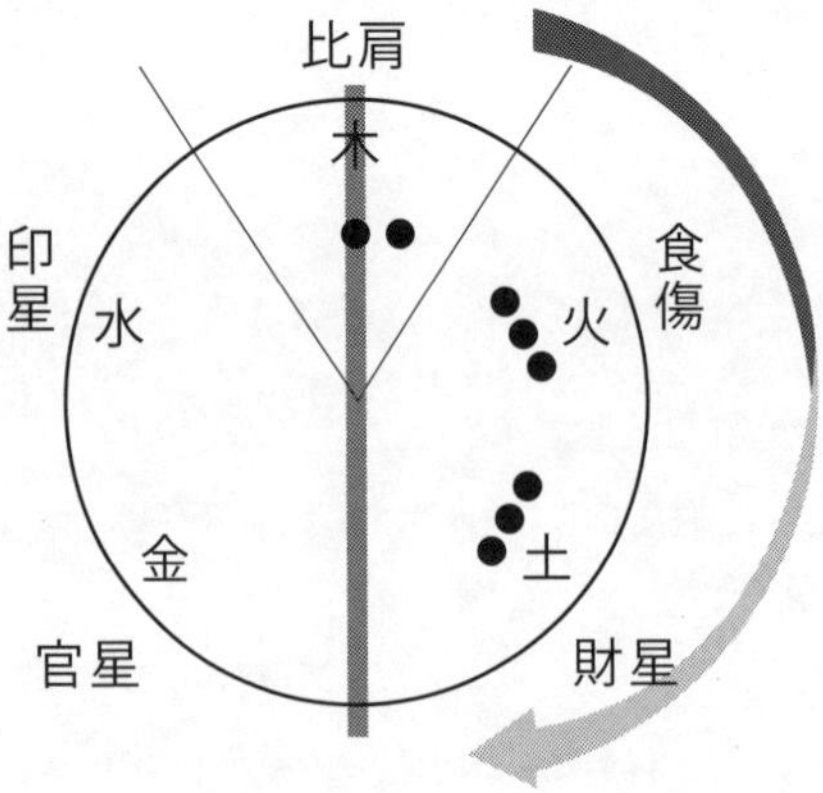

から有を生み出す並びとなります。

感覚的な鋭さ、何をすれば利益を得るかという目先が利く能力が高いのです。

官星がないので、基本的には組織人間ではなく、自分の力を全面に出し、自力で運を切り開いていく能力がある命式です。

グループ2（官印両全型）

官星・印星・比肩と五行図の左側に星が並んでいる場合、官印両全型の命式となります。これは、会社組織を中心として活躍する命式なので、知恵と努力と素早い行動力と円滑な人間関係を得ること

【グループ2（官印両全型）】

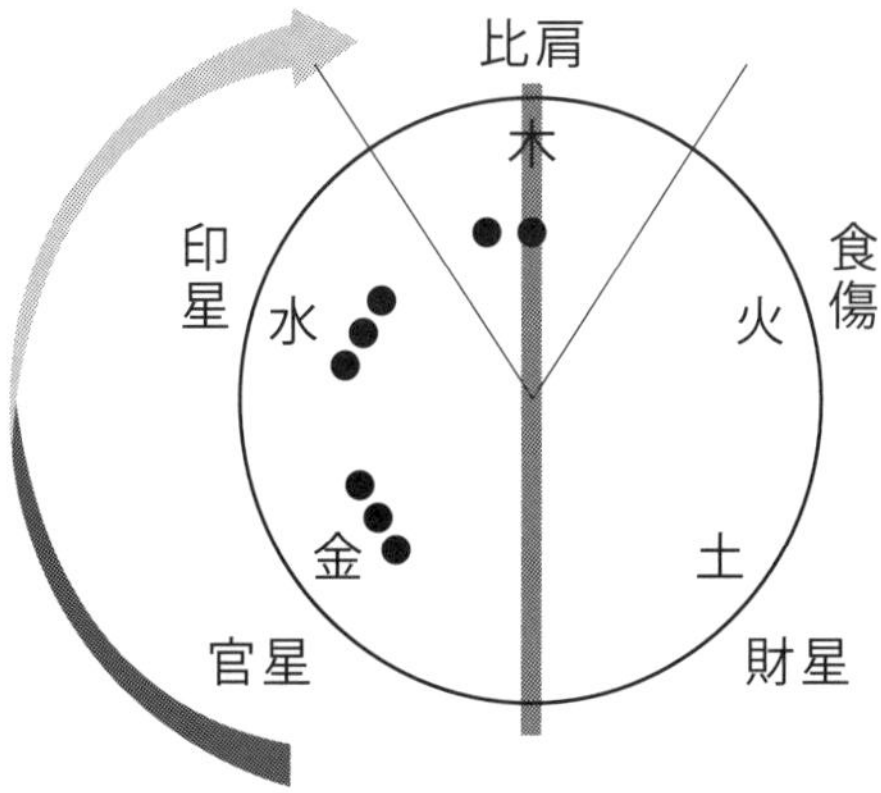

ができます。
地位名誉を築くことができる命式です。

グループ3（印授傷官型）

印星・比肩・食傷と五行図の上の部分に並んでいる場合、印綬傷官型の五行図となります。

これは、学問・芸能など特殊な才能によって活躍する星です。内面性・精神性を主体とします。

この並びの場合、比肩の星が強い方が、心の安定を持ちやすいのですが、比肩の星が一つで弱く、印星や食傷星に三つずつ星が並ぶ命式だと、精神面が不安定に

【グループ3（印授傷官型）】

なりやすく、迷いやすくなります。

印星と食神のバランスが良く、比肩の星が三つあれば才能を発揮することができます。

グループ4（財官双美型）

財星・官星と五行図の星が並んでいる場合、財官双美型の命式となります。

これは、財運と社会運を兼ね備えている並びとなります。一生食べることに不自由しない星です。

グループ3が内面的な要素を重視する並びとなり、グループ4は、外面的な要素を重視する並びとなります。だからこ

【グループ4（財官双美型）】

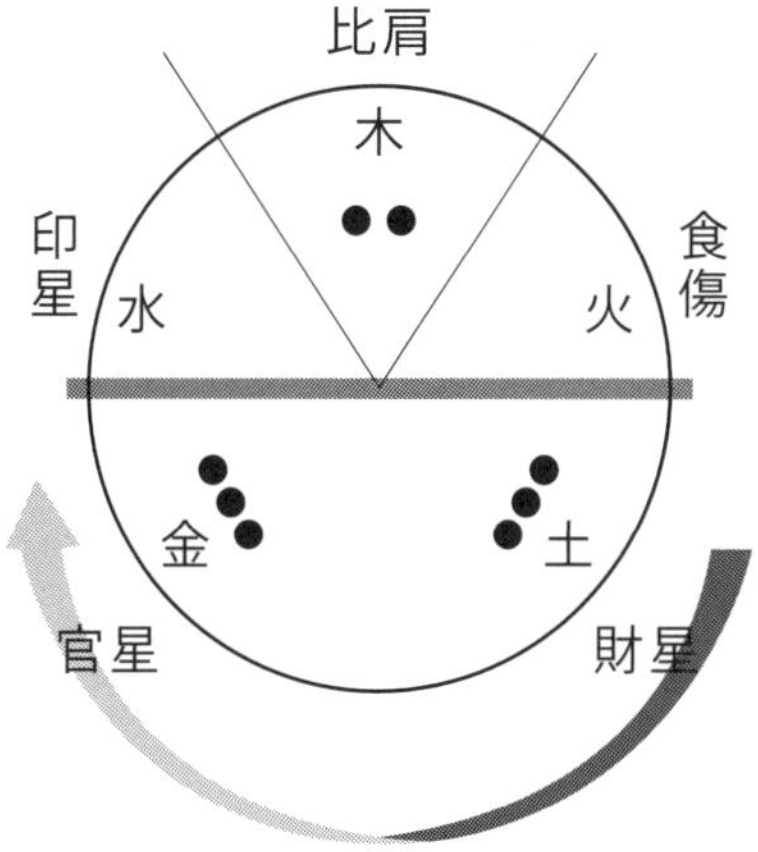

そ、命式に印星または食傷星の精神性が主体となる星が必要となるので、五行が安定している並びは、一番無難な人生を渡れる人であるといえるでしょう。

男性ならば、サラリーマンタイプとなります。ただ、この並びは財星と官星が七つ以上固まった場合、「財殺《ざいさつ》の命」と呼びます。財殺とは、お金の問題や社会的な問題が起こりやすいので注意が必要です。

第9章

四柱の形式

財官印三宝《ざいかんいんさんぽう》の命《めい》

例

年	月	日	時
偏官	偏印		正財

年	月	日	時
印綬	正官		偏財

四柱に財星と官星と印星が並んだ命式を「財官印三宝の命」といい、一番良い星の並びになります。地位名誉、財運に恵まれる、貴命の並びとなります。

やはり、人間の幸せを考えた時、経済的余裕と、家庭的な幸せ（財星）地位名誉や社会的発展（官星）趣味と文化、精神面の安定（印星）の大きく三つの要因が必要であると思います。

この三つの条件が良く働いてくれる命式が、三宝の命となります。

財官印三宝の性質の有名人

男性	田中角栄（元内閣総理大臣、ロッキード事件） ：偏財／正官／印綬 湯川秀樹（物理学者、ノーベル物理学賞） ：偏官／印綬／偏財 三島由紀夫（作家、『潮騒』） ：正財／印綬／編官 タイガー・ウッズ（天才プロゴルファー） ：正官／編印／正財 ベートーヴェン（音楽家、「楽聖」） ：正財／偏官／偏印
女性	アウン＝サン・スー・チー（政治家、軟禁） ：印綬／正財／偏官 仲間由紀恵（女優） ：正官／偏財／印綬 安室奈美恵（歌手） ：正財／印綬／正官 黒柳徹子（司会） ：偏印／正財／偏官 菅野美穂（女優） ：正財／印綬／偏官

官印両全《かんいんりょうぜん》の命《めい》

例

年	月
偏印	偏官

年	月
偏官	偏印

年	月
偏印	正官

年	月
偏官	印綬

年	月
印綬	偏官

年	月
正官	偏印

年	月
印綬	正官

年	月
正官	印綬

官星とそれを助ける印星が並ぶ命式で、とても良い並びとなります。この並びは社会的に伸び、学問芸能の世界でも才能を発揮することができます。

行動力とそれをコントロールする知性が備わっている、良い星の並びとなります。社会的には各分野で最も活躍している人が多く、才能的に優秀な人材が多い並びです。

男性は月柱が官星、女性は月柱に印星がよいでしょう。

官印両全の性質の有名人

男性	伊藤博文（初代総理大臣） ：正官／編印 吉田茂（首相） ：傷官／偏印／正官 パブロ・ピカソ（前衛画家） ：印綬／偏官／印綬 宮崎駿（映画監督、アニメの巨匠） ：正官／印綬
女性	橋本聖子（五輪選手、国会議員） ：偏印／偏官／印綬 五嶋みどり（ヴァイオリニスト） ：劫財／正官／偏印 三浦百恵（元歌手、女優） ：偏印／偏官／劫財 上戸彩（女優） ：正官／印綬／印綬

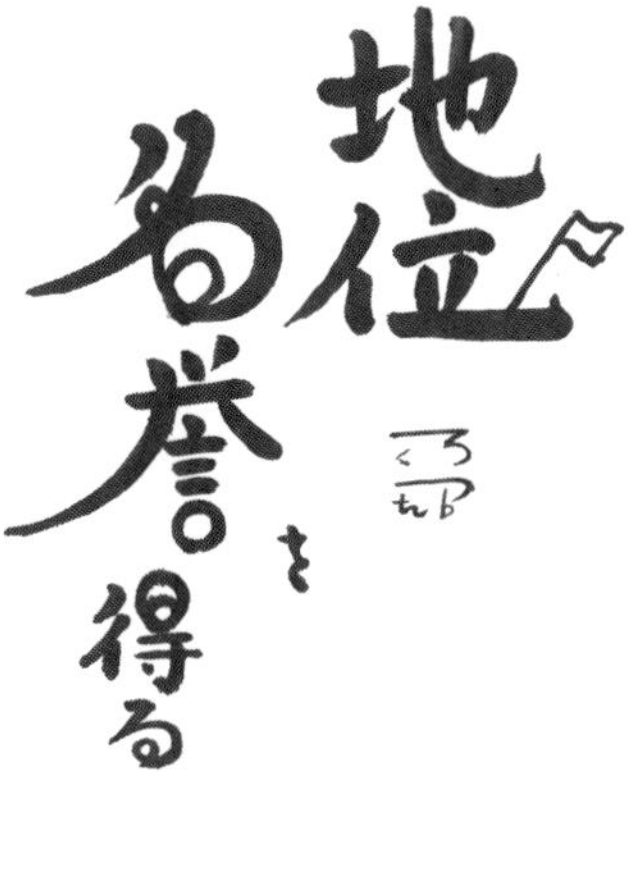

準三宝《じゅんさんぽう》の命

例

時	日	月	年
食神		正官	偏財

時	日	月	年
偏官		正財	食神

時	日	月	年
偏官		食神	偏財

お金を生む力が強くあるので実業家の人も多い四柱です。

財星と官星と食神が並んだ命式を「準三宝の命」と呼びます。この並びは地位名誉と財運に恵まれ、一生食べることに困りません。

不思議な魅力を持ち、人気運があります。

準三宝の命の性質の有名人

男性	堤康次郎（西武鉄道創業者） ：食神／正財／正官
	山崎種二（山崎証券、社長） ：食神／正官／偏財
	錦織圭（プロテニス選手） ：食神／正財／偏官
	津川雅彦（俳優） ：正官／食神／偏官
	岡田准一（俳優、歌手） ：偏財／食神／正官
女性	佐久間良子（女優） ：食神／偏財／正官
	茅原実里（声優、「みなみけ」他） ：正財／食神／正官
	角田光代（作家） ：偏財／食神／偏官
	インディラ・ガンディー（インド首相） ：正財／偏官／食神
	Koki（モデル、木村拓哉の次女） ：食神／正官／偏財

例題

錦織圭選手の命式表

五行図のバランスも良く、自分の星(比肩)が三つあり、精神的にもぶれない強さがあります。スポーツ選手には三つ以上星がないと、すぐに挫折しやすくメンタル面の弱さが出てしまいます。

一見、生真面目でおとなしそうに見えますが、とても情熱家で、直観的な判断力で、夢の実現のために体当たりの努力を惜しみません。まさに努力の星です。

月柱に正財・建禄なので、しっかりとした財運を持っています。

才能と財運があるので、努力をした分、必ず結果がついてきます。今後の活躍も期待できます。

年	月	日	時
己巳	丙子	癸亥	乙卯
偏官	正財		食神
胎	建禄	帝旺	長生
偏財	劫財	比肩	食神

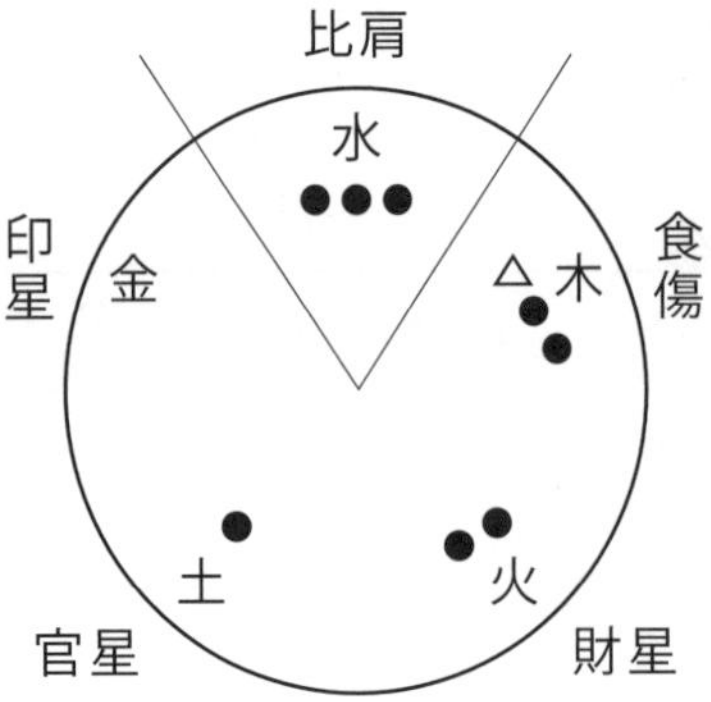

【錦織圭選手の命式表】

財《ざい》官《かん》双《そう》美《び》の命《めい》

例

年	月
偏官	偏財

年	月
偏財	偏官

年	月
偏官	正財

年	月
偏財	正官

年	月
正官	偏財

年	月
正財	偏官

年	月
正官	正財

年	月
正財	正官

財運の星の財星と社会星の星である官星がある並びです。

財運と地位名誉に恵まれる並びとなります。一生食べることに困らない並びです。財星も官星も外面的な星ですから、標準的でサラリーマン的な星であるといえます。また、五行が安定していれば、一番安定した人生を送れる人でもあるといえるでしょう。

この並びに印星が出れば、三宝の命となり、運気はさらに良くなります。

財官双美の命の性質の有名人

男性	北野武（漫才、映画監督） ：偏官／偏財／劫財 福山雅治（歌手、俳優） ：比肩／偏財／正官 堺正章（タレント） ：正財／正官 トム・クルーズ（俳優） ：偏官／偏財／比肩 アンドリュー・カーネギー （実業家、鋼鉄王） ：比肩／偏官／偏財
女性	津田梅子（教育者、津田塾大学創立者） ：偏官／偏財 白洲正子（随筆家） ：正財／正官 片平なぎさ（女優） ：偏官／偏財 工藤静香（歌手） ：偏財／偏官／偏官 ジャクリーン・オナシス（JFK夫人） ：正官／正官／正財

財殺《ざいさつ》の命《めい》

例

年	月	日	時
癸酉	辛酉	丁亥	辛亥
偏官	偏財		偏財

五行

木（印星）…なし
火（比肩）…●
土（食傷）…なし
金（財星）…●●●●
水（官星）…●●●

合計で七つの星がある

表の星に財と官の星があって、五行図も中に七つ以上星が固まる場合を「財殺の命」といいます。四柱に財星と官星が七つ以上ある場合の星を表す並びとなります。財官双美の命から財殺の命式に変わる場合もありますので、金銭問題には十分に注意を要することが必要な命式となります。

一時的には地位名誉を得ることができますが、お金の問題で身を滅ぼしたり、金銭問題で人に騙《だま》されたり、公金問題に引っかかる場合があります。とかくお金がらみの問題ですべてを失うことが多いので気をつけましょう。

この並びの主体的問題は、7割は金銭トラブルで、3割は仕事で失敗して官位を落としやすい並びです。

男性は、女性問題も絡みやすいので、十分に気をつけましょう。ただ、どうしても、人生の中で金銭トラブルがつきものです。

欲深い精神を捨て、うまい話に乗らないように注意が必要となる並びなのです。

財殺の命の性質の有名人

男性	フランク永井（歌手） ：偏官／正財／偏財 関太（お笑い芸人タイムマシーン3号） ：偏財／正官／正財 小錦八十吉（6代）（相撲） ：偏官／偏官／正財
女性	牧瀬里穂（女優） ：偏官／偏財／正財 BoA（韓国人歌手） ：正官／正官／正財

傷《しょう》官《かん》生《せい》財《ざい》格《かく》

例

年	月
偏官	偏財

年	月
正財	傷官

傷官が強力に財を生み出す力がある四柱です。

この並びは無から有を生み出すという意味があり、財運と商才に恵まれます。

合理的で目先が利き、損得観念が発達している星です。多くは商売や実業家や起業家など経営の能力があり、先見の明があります。

お金を生み出す能力は他の人と比較にならない程、優れた才能を持ちます。

商才にかけては、天才的な星です。

傷官生財格の性質の有名人

男性	中曽根康弘（首相） ：食神／傷官／偏財 松下幸之助（実業家、経営の神様） ：偏財／食神／傷官 本田宗一郎（ホンダ創業者） ：偏財／傷官 小室哲哉（プロデューサー、歌手） ：傷官／正財／比肩 木村拓哉（元スマップ） ：傷官／偏財
女性	池坊保子（華道家、政治家、国会議員） ：正財／傷官 浜崎あゆみ（歌手） ：食神／偏財／傷官 高島恵子（女優） ：偏財／傷官 宮沢りえ（女優） ：傷官／偏財／敗財

劫達《ごうたつ》の命《めい》（劫財特達《ごうざいとくたつ》の命《めい》）

例

年	月
食神	劫財

年	月
劫財	食神

この並びは財を生み出す食神と、大胆さや豪快さ、積極性がある劫財が出会うことによって、互いにその欠点を補い合い、長所を引き出す、良い星の並びとなります。特殊な財に恵まれる命式となり、思わぬ遺産が転がり込んだり、大きなチャンスを引きつける運の強さを持っているのです。

半面、欲が強くなり真面目にコツコツと働くというよりも大きく稼ごうという人もいます。ギャンブルや投資などでお金を流してしまわないように注意が必要となります。

劫達の命の性質の有名人

男性	黒澤明（映画監督） ：劫財／食神／正財 安藤百福（日清食品創業者） ：食神／劫財／傷官 明石家さんま （お笑いタレント、司会者） ：食神／劫財／食神 陣内孝則（俳優） ：食神／劫財／印綬 はなわ（お笑いタレント） ：劫財／食神／正財
女性	コラソン・アキノ （フィリピン大統領） ：劫財／食神／傷官 瀬戸内寂聴（出家、作家） ：食神／劫財 篠原涼子（女優、歌手） ：食神／劫財／食神 天地真理（歌手） ：劫財／食神

例題 明石家さんまさんの命式表

お笑い界のトップを走り続けているさんまさんの四柱となります。

月柱劫財であるので、分離の星が出ています。人生生き別れ、死に別れが多い四柱になるのです。3歳の頃に最愛の母が他界。最愛の弟（新しい母の連れ子）が火事の事故で他界。離婚などとても辛い過去を背追っておられるようで、笑顔に隠された歴史が四柱には示されています。

人の痛みや、慈悲深い面があり、食神の星が劫財の星を補っています。とても周りからも愛される星です。

劫達の命は才能と運の賜物《たまもの》なのです。

大きな運を引き寄せる人生がこの四柱の並びとなるのです。まさに、お笑い界のドンとして成功を得られる星を持っています。

さんまさんが言う「生きてるだけで丸儲け」……ここに生き方がそのままが刻まれています。

年	月	日	時
乙未	壬午	癸亥	乙卯
食神	劫財		食神
墓	絶	帝旺	長生
偏官	正財	比肩	食神

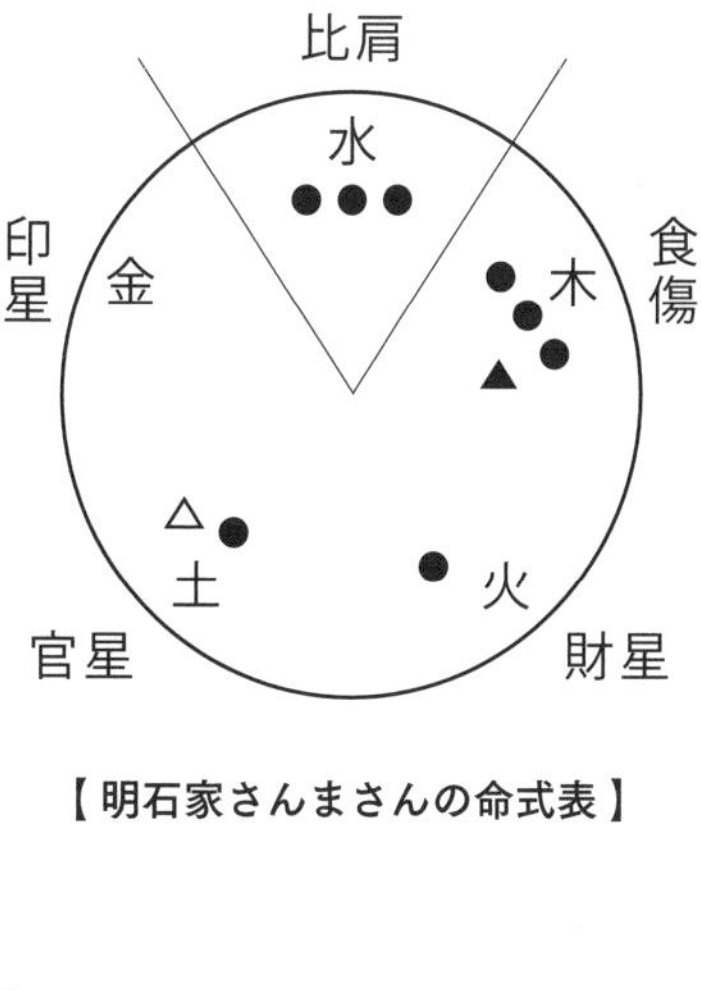

【明石家さんまさんの命式表】

比肩一貴《ひけんいっき》

例

時	日	月	年
		比肩	比肩

時	日	月	年
比肩		比肩	比肩

生まれた時間がわからない方でも、年と月で比肩の場合は「比肩一貴」と呼びます。

比肩は自分を表す星です。その星が表の星に三つ並んでいる四柱のことを「比肩一貴」といいます。

忍耐強く、一度決めたら必ず目標達成するまで有言実行する意志の強さは、他の並びの命式にはない星です。

会社経営者の方などにも多い四柱ですが、ワンマン経営になりやすいので、部下運が悪くなります。とても個性的で、頑固です。その点を上手に人との調和を取ることが必要です。

人生の成功を勝ち得たい心情が強く、一度決めたら最後までやり抜く芯の強さは誰にも負けません。人生の成功を輝かせるには、人間関係がとても大切な並びとなります。

比肩一貴の良い点は、黒か白かはっきりしている点と、竹を割ったようなさっぱりとした性格である点が、とても良い印象を与えます。

また、お金にきれいです。

ただ、プライドは高く一匹狼的な性格なので、個としての才能と人と和合を持ち合わせれば、輝かしき名誉を生み出し、開花していくことが開運の道へとつながっていくこととなるでしょう。

比肩一貴の性質の有名人

男性	芥川龍之介（作家）：比肩／比肩 橋本龍太郎（国会議員）：比肩／比肩 角川春樹（角川書店社長）：比肩／比肩 坂東玉三郎（歌舞伎俳優）：比肩／比肩 松平健（俳優）：比肩／比肩
女性	真屋順子（女優）：比肩／比肩 大貫妙子（ミュージシャン）：比肩／比肩 山崎洋子（推理小説）：比肩／比肩 緒川たまき（女優）：比肩／比肩 キャシー中島（タレント）：比肩／比肩

印綬傷官格《いんじゅしょうかんかく》

例

年	月
印綬	傷官

年	月
傷官	印綬

印星と傷官は剋し合う星なので、傷官と印綬が剋して発展する天干の並びとなります。

感受性が強く、学問芸能などの才能があります。特殊な才能で発展する星であり、芸能人や有名人にも多い命式となります。才能を発揮できる環境と努力が必要です。

この並びの場合、比肩星が三つ以上ある方が、才能が世に出やすい星となります。

比肩星が一つしかない場合、精神的に弱く、悩みやすく不安定な状態になりやすいので、そのような星の方は、小さい頃からスポーツ等で精神面を鍛えておく必要があります。

傷官の方が強いと壁にぶち当たるともろいところもありますので、うまく心のバランスを整えることが必要です。印綬が多いと、粘り強さが出ますが、比肩が弱いと精神の安定を欠く結果となりやすいので注意が必要です。

印綬傷官格の性質の有名人

男性	葛飾北斎（浮世絵師）：印綬／傷官
	手塚治虫（漫画の神様）：印綬／正官／傷官
	安岡正篤（陽明学者）：偏官／印綬／傷官
	三谷幸喜（脚本家）：傷官／印綬
	中居正広（元スマップ）：偏印／印綬／傷官
女性	マザー・テレサ（修道女）：偏官／傷官／印綬
	オノ・ヨーコ（芸術家）：偏財／印綬／傷官
	さくらももこ（漫画家）：偏財／印綬／傷官
	KEIKO（歌手）：印綬／傷官
	友近（お笑い芸人）：敗財／印綬／傷官

仮傷官《かりしょうかん》

例

年	月
傷官	傷官

年	月
食神	食神

年	月
食神	傷官

年	月
傷官	食神

食神または傷官が二つ以上並ぶ四柱のことをいいます。

傷官的な要素を主体としている並びとなります。

感受性が強く、人の心を見抜いてしまうところがあります。性格的にはサッパリしていて、ちょっと何を考えているかわかりにくいところもあります。

感覚的なものが鋭いので、人を傷つけ自分も傷つきやすいデリケートな神経を持っ

た並びです。

目の付け所も鋭いのですが、言葉も鋭くなりがちであるので、日頃から柔らかい言葉を使うと説得力に幅が出ます。

この並びに、印星が多いとノイローゼになりやすく、官星が多いと、ケガ、事故、トラブルに境遇しやすくなります。さらにカチンとキレやすい性格になるので、注意が必要です。

財星と並ぶと、無から有を生み出す命式になるので、商才が現れ、財運に恵まれるでしょう。

仮傷官の性質の有名人

男性	イチロー（プロ野球選手）：傷官／傷官／食神 赤塚不二夫（漫画家）：食神／食神 タモリ（司会者、タレント）：傷官／食神 船越英一郎（俳優）：傷官／傷官／比肩 エルヴィス・プレスリー（ロック歌手）：食神／傷官／比肩
女性	高市早苗（国会議員）：食神／食神 浮川初子（ワープロ）：食神／食神 室井佑月（作家）：食神／比肩／食神 土屋アンナ（モデル、女優）：傷官／傷官／比肩 坂井泉水（ZARD、歌手）：傷官／傷官／傷官

過傷官《かしょうかん》

食神、傷官の星が四つ以上固まった並びのことを表します。霊感やインスピレーションの非常に強い人が多い命式です。器用で特殊能力、才能が高い人です。感性的なものが鋭いので、人との相性や環境がとても重要な要素となるのです。

女性は官星を剋するので、結婚問題、夫婦問題に障害が出やすいので、配偶者との相性はとても大切になります。

過傷官の性質の有名人

男性	ピーター（俳優） ：食神／食神／偏官 （土の食傷：●●●●●）
	綾野剛（俳優） ：正財／傷官／食神 （金の食傷：●●●●●△△）
	堂本剛（歌手） ：比肩／傷官／食神 （土の食傷：●●●●●●）
	塩田剛三（合気道の達人） ：食神／食神 （木の食傷：●●●●）
女性	桐島洋子（エッセイスト） ：食神／傷官 （火の食傷：●●●●）
	小柳ゆき（歌手） ：食神／食神 （金の食傷：●●●●△△）
	森高千里（歌手） ：食神／傷官 （土の食傷：●●●●）
	小泉今日子（女優） ：傷官／偏官／食神 （火の食傷：●●●●△△）
	倖田未来（歌手） ：傷官・敗財・食神 （水の食傷：●●●●）

多《た》財《ざい》身《み》弱《じゃく》

例

年	月
正財	偏財

年	月
偏財	正財

財星に星が固まる命式です。

財があるので一生食べることに困らない傾向があります。

財多くして流れるという原則から、とにかくお金の問題には注意が必要です。金銭や財産のトラブルが発生しやすくなります。

この並びの星は、男女とも人当たりが柔らかく、優しい人が多く、人からとても愛される徳のある星です。

男性には少し迫力に欠ける点と女性問題、金銭トラブルなど注意が必要となります。

女性の場合は、とても話術が上手で周りを和ませてくれます。ただ、他に痩せる星がなければ、中年以降から、太りやすい体質となるので気をつけましょう。

多財身弱の性質の有名人

男性	小渕恵三（政治家） ：比肩／正財／偏財 森喜朗（政治家） ：正財／正財／正財 星野佳路（経営者） ：正財／正財 大沢樹生（歌手） ：正財／正財／偏財 マルク・シャガール（愛の画家） ：印綬／偏財／偏財
女性	辻元清美（社民党） ：偏財／正財 森光子（女優） ：偏財／正財 浅野温子（女優） ：偏財／正財 矢口真里（元モーニング娘。） ：正財／偏財

多《た》印《いん》身《み》弱《じゃく》

例

年	月
偏印	印綬

年	月
印綬	印綬

年	月
偏印	印綬

学問芸能の世界で生きる人が多く、学者・芸能人・アナウンサー・宗教家などの職種に就かれる方が多い星の並びです。

この星も男性には迫力がなく、優しい人当たりが良いのですが、表面に比べて、内面は頑固さやこだわりがあります。

さらに印星が多いので、物事がくどくなりやすいのが欠点です。

迷いが多く決断ができないのです。自分を律する、何かの価値基準を持つことがよいでしょう。

多印身弱の性質の有名人

男性	双葉山定次（相撲） ：印綬／印綬 大鵬幸喜（相撲） ：印綬／偏印 江戸川乱歩（推理作家） ：偏印／偏印 A・コナン・ドイル（推理小説家） ：偏印／印綬／印綬 緒形拳（俳優） ：印綬／印綬
女性	元谷芙美子（APAグループ社長） ：印綬／印綬 家田荘子 （ノンフィクション作家、『極道の妻たち』） ：印綬／偏印 太地喜和子（女優） ：印綬／印綬 松たか子（女優） ：偏印／印綬 松居一代（女優） ：偏印／偏印／印綬

官から官（官殺《かんさつ》）

例

年	月
偏官	偏官

年	月
正官	正官

年	月
偏官	正官

官が二つ以上並ぶ命式です。

この並びは、社会性を表す官位が剋されてしまいますので、社会的な問題が起こりやすい星となります。

性格は男らしく、責任感と正義感も強いのですが、カッとキレやすかったり、激情に走りやすい欠点が出ます。

官星の五行図のバランスが悪ければ、瞬間湯沸かし器のような方が多い四柱となります。女性の場合は、職業婦人となり、結婚されても仕事を持つ方が、安定するでしょう。ただ、一番離婚再婚される方が多い並びとなるので、相性がとても大切となる命式です。

官から官（官殺）の性質の有名人

男性	佐藤栄作（首相）	：正官／正官
	小野田寛郎（ルバング島の帰還兵）	：偏官／正官／偏官
	出光佐三（出光創業者）	：傷官／正官／偏官
	鶴田浩二（歌手）	：偏官／正官
	小出義雄（マラソン監督）	：偏官／正官
女性	和田アキ子（歌手）	：正官／正官
	松田聖子（歌手）	：食神／偏官／正官
	大竹しのぶ（女優）	：正官／正官
	深津絵里（女優）	：正官／偏官／正官
	東ちづる（タレント）	：正官／偏官

官殺混雑《かんさつこんざつ》

例

年	月
劫財	偏官

年	月
偏官	敗財

年	月
正官	比肩

年	月
劫財	正官

比肩と官星が混ざった星の並びです。

一見すると、紳士淑女的な、品の良さを与えます。とても穏やかそうに見えますが、言い出したら聞かない面があります。物事の白黒をハッキリさせようとする責任感や、正義感が強く、人から指示されることを嫌います。

この四柱は、人間関係を築くことが、うまくできない人が多い傾向があります。

とてもプライドが高く、人に頭を下げることができません。武家の商法になりやすく、商売には向かないでしょう。

ただ、負けず嫌いが原動力となって成功する人も多いでしょう。

官殺混雑の性質の有名人

男性	高杉晋作（長州藩） ：比肩／偏官
	東郷平八郎（海軍軍人） ：偏官／比肩
	清水次郎長（侠客道） ：偏官／比肩／食神
	北の湖敏満（最年少横綱） ：比肩／偏官
	星野仙一（プロ野球） ：劫財／比肩／正官
女性	野田聖子（国会議員） ：比肩／正官
	松坂慶子（女優） ：比肩／正官
	藤原紀香（女優） ：偏官／比肩／正官
	上沼恵美子（タレント） ：偏官／敗財
	ダイアナ妃（元英国皇太子妃） ：比肩／劫財／偏官

倒食《とうしょく》

例

年	月
偏印	食神

年	月
食神	偏印

食神と偏印が並ぶ四柱です。

星の食神を偏印が吉星の壊すかたちになっています。良い運気が長続きせず、人生ままならない中途半端で挫折的な命式となります。

食神も偏印も才能を意味する星なので、手先が器用であり、特殊な才能があるのですが、優柔不断な面が多く、迷いも多いのです。

この命式の場合、自信を持って一つの事を成し遂げようと努力することが大成の道につながります。

ただもう一つ重大な問題は、倒食の命式は食神の吉星を偏印で剋してしまうので、

女性の場合は、子供のことで苦労することが多いです。

この並びの場合、生まれた時間または五行図などに、財星または天徳貴人の星が来た時、倒食解除型の命式に変わります。まさに生き馬の目を抜く勢いとなるのです。

官殺混雑の性質の有名人

男性	藤城清治（日本初の影絵作家）：食神／偏印
	宇崎竜童（ロックミュージシャン）：食神／偏印
	植木等（俳優、クレイジーキャッツ）：食神／偏印
	中島誠之助（鑑定士）：偏印／食神
	大谷翔平（野球）：印綬／偏印／食神
女性	森英恵（ファッションデザイナー）：食神／偏印
	いわさきちひろ（絵本作家）：偏印／食神
	三田佳子（女優）：偏印／食神
	瀬戸朝香（女優）：食神／偏印
	石井幹子（世界的照明デザイナー）：食神／偏印

第10章

六十干支判断

60の干支とは

十干と十二支を組み合わせたものが、干支です。10個ある十干と12個ある十二支すべてを組み合わせると120の干支ができますが、60の干支は、陰陽の区別をはっきりとつけています。

陽の十干（甲・丙・戊・庚・壬）は陽の十二支（子・寅・辰・午・申・戌）と組み合わさり、陰の十干（乙・丁・己・辛・癸）は陰の十二支（丑・卯・已・未・酉・亥）と組み合わさり、陽の干が30、陰の干支も30の構成で合計60の干支が構成されています。

60歳の時に還暦のお祝いをしますが、それは60の干支暦が一巡して還ってきたことを祝う習わしです。

60歳の還暦祝いには、人生の最初の長寿のお祝いとして還暦祝いをするのです。

生日観法とは

個性の中心は日干です。

生まれた日の日柱の柱、この干支で判断する方法です。自分の性格、能力、才能を判断する柱となり、自分自身の性格を知ることができるのが生日観法での判断です。

まず自分の星を、見つけてみましょう。

雑学ですが、１９９９年頃大ブームとなった「動物占い」を知っていますか？わかりやすくて、動物に置き換えたキャラクターがかわいくて子供から大人まで大反響を呼びました。

その中心で判断したのが、この生日観法での星から読み説いて鑑定しているのです。

とにかく誰にでもわかりやすく、個々の性格等、笑えるほどの的中率で爆発的な人気でした。そこで六十干支での判断を掲載しました。昔の動物占いの本があれば参考にしてみてください。また新たに購入してみてもよいですね。占いの本の中で、明確に判断している一押しの本です。

時	日	月	年
庚寅	丙辰	丙寅	己卯
偏財		比肩	偏官
長生	冠帯	長生	沐浴
偏印	食神	偏印	印綬

日干（生日観法）
自分の性格・能力を
判断する!

【六十干支表】

51	甲寅	41	甲辰	31	甲午	21	甲申	11	甲戌	1	甲子
52	乙卯	42	乙巳	32	乙未	22	乙酉	12	乙亥	2	乙丑
53	丙辰	43	丙午	33	丙申	23	丙戌	13	丙子	3	丙寅
54	丁巳	44	丁未	34	丁酉	24	丁亥	14	丁丑	4	丁卯
55	戊午	45	戊申	35	戊戌	25	戊子	15	戊寅	5	戊辰
56	己未	46	己酉	36	己亥	26	己丑	16	己卯	6	己巳
57	庚申	47	庚戌	37	庚子	27	庚寅	17	庚辰	7	庚午
58	辛酉	48	辛亥	38	辛丑	28	辛卯	18	辛巳	8	辛未
59	壬戌	49	壬子	39	壬寅	29	壬辰	19	壬午	9	壬申
60	癸亥	50	癸丑	40	癸卯	30	癸巳	20	癸未	10	癸酉

子丑空亡	寅卯空亡	辰巳空亡	午未空亡	申酉空亡	戌亥空亡

※上の表は、六十干支表です。1～60の中から自分の日干を探してみましょう。

1　甲子生日［沐浴］

チャレンジ精神旺盛な人工知能タイプ

いつまでも気持ちが若く、この干支はスタートの星なので、とても勢いがあり直球勝負でチャレンジしていきます。

記憶力や計算力、分析力も高く、学問、語学の方面に才能があります。それを活かした方面で活躍の場を広げましょう。

独立心も強いのですが、精神面が影を潜めます。

この星は、過保護に育てず、常に自分の意志で決めることができるよう、環境を整えてあげることが大切です。

また、配偶者に難が出やすい星となります。相性の良い方とのご縁が大切です。

2　乙丑生日［衰］

おっとりした器用人タイプ

とても地味で穏やかで、柔らかな雰囲気のイメージですが、一度決めた道はどんなに辛く険しい道のりでも最後までやり抜く芯の強さがあります。

人を見抜く力も鋭く、観察力や批判力もあります。とても手先が器用で技能的にもすぐれた方が多い星です。ソフトなわりに、ズバリと言うので、批判されやすい面があります。

基本、現実主義で、平和的生き方が理想なので、攻めることは苦手で、守りには強い能力を持っているのです。

大器晩成タイプで、晩年に財運があり、評価を得ることができるでしょう。

3 ― 丙寅生日［長生］

人に愛される人気者タイプ

このタイプは、その場所にいるだけで、周りの雰囲気を明るくしてくれます。常に前向きであり、行動力と情熱を持ち続ける意志の強さがあります。

人からの援助や引き立てを受けることができる星です。どの分野でも、才能を発揮するパワーの持ち主でもあるのです。目上の引き立て運もあり、財運にとても恵まれます。

いつも恵まれる環境にいることで、周りに対しての感謝の念が足りなくなると、人に対して偉そうに威張ったり、威圧的な態度を表したりする面があるので、周囲とのコミュニケーションが大切です。

また故郷を離れて錦を飾る人が多い星です。野望を抱く気持ちが人一倍強いのです。

成功するには、協調性を持つことが鍵です。

4 ― 丁卯生日［病］

胸に熱い思いを秘めたクール系タイプ

表面的には、温和で静かなイメージですが、内面は激しい気性を持っています。

本来は純粋に理想を追い求めたいタイプで

す。ただ、気まぐれな部分と、熱しやすく冷めやすい部分がマイナスになります。

度胸があるようでいて、実は小心で神経質なところが運気を悪くします。小さなことを気にしない精神が必要でしょう。色情にも注意が必要です。

負けず嫌いの性格を活かして、最後まで諦めないメンタルの強さを持つことで運を呼ぶことができます。

5 — 戊辰生日［冠帯］

我が道をつらぬき通す、有言実行タイプ

我が道を行き、粘り強く自分自身の道を切り開く力の持ち主です。


独立独歩で自由に生きていくことが必要とされるでしょう。

周りから無鉄砲な人といわれても、人の意見などは聞かない傾向があるので、わざわざ大変な厳しい道と知りながら方針を変えず突き進んでしまうところがあります。個性が強過ぎるので、人との調和が保てず、組織的環境には向きません。

この星の強さは土壇場に強いところにあり、究極に追い込まれた時の、斬新的な提案を生み出す能力の高さは、天才的な能力を秘めています。その底力で運を切り開いていけます。

6 ― 己巳生日［帝旺］

冷静で知的な自由人タイプ

冷静でとても落ち着いた雰囲気を漂わせ、どことなく堂々としていて、一目置かれている雰囲気があるので、その場にいるだけで存在感があります。

精神面も安定して、とても強い心の持ち主です。

感情の起伏をあまり表には出さないタイプの方が多い星です。

いつも冷静な面で物事を合理的に考え、解決できる能力が高いです。

物質運にも恵まれ、お金には不自由しない福運を持っています。

人の面倒見も良く、情に厚く慈悲深い面もあり、大地の母的な役割で、周りを温かく導く天性もあります。だからこそ、多種多様な人間を取りまとめたりする能力も高く、粘り強さを持っています。

ただ束縛されることが一番嫌いです。能力を伸ばすことができなくなるので気をつけましょう。

---

7 ― 庚午生日［沐浴］

好奇心旺盛な行動派タイプ

品が良く優しい第一印象を持ちますが、好奇心旺盛で、行動的であり、負けず嫌いで短気な面も持ち合わせています。

この星はたとえ生家が貧しくても、高位高官に登る運を持ち、商才を発揮して財をなす人もいます。思い立ったら吉日で機敏な行動力で運をつかんでいきます。

頭が良くシャープな感性を持ち、利害な計算や分析力はとても優れています。

ただ、他人に対して、気に入らない人には、容赦のない攻撃をして、敵も作りやすく、言い出したら聞かないので、誰も止めることができません。周りのアドバイスにも耳を傾けることも大切です。女性の場合は、わがままなお嬢様タイプで、夫への苦情が多めです。

注意点は、お金の使い方など変なところに浪費をしがちな面と、色情問題には注意が必要です。

8 ― 辛未生日［衰］

芯が強く、控えめなマイペースタイプ

上品で控えめで、おとなしい印象を受けますが、案外、マイペースで芯が強く粘り強い人です。

考えを曲げない心の強さを持っています。

男性の場合は、ポーカーフェイスで温厚で感情表現を表に出さない優しいタイプに対して、女性の場合は、控えめでおとなしい印象を持ちますが、内面はわがままで自由人であり、とてもしっかりものです。内には鋭い観察眼と批判力をもっていて、好き嫌いがはっきりしています。

配偶者の良いパートナーとの出会いが、大

きく人生を変えてくれます。

9—壬申生日［長生］

才能と運の両取りタイプ

秀麗であり、才智と才能があり、文武に長《た》けて、冷静沈着な印象です。好奇心と向上心も旺盛です。

運気はとても福運があります。

明るく社交的なので、若い頃から人との信頼も厚く若くして名を出す人も多い星です。

人並み外れた努力家でもあるので、決して人に甘えず、弱音を見せない面があります。好んで孤立しやすいタイプでもあります。

根は純粋で明るいのですが、もっと心の内を表現することが、コミュニケーション能力を高めることになり、人生を楽しむ秘訣《ひけつ》になります。

女性の場合は、結婚運に難がある傾向です。

10—癸酉生日［病］

頭脳明晰な能力主義タイプ

頭脳明晰で緻密な能力の持ち主です。鋭い勘と閃きで行動に移すタイプです。

手段を選ばず、自分にも、他人にも厳しい面があります。

指導力もあり、技芸や多才な能力を発揮する人も多いです。白黒をはっきりと決めようとする勝負師的なところもあります。

実力、能力主義です。まさに弱肉強食的な考えを持っているところもあります。

困難に出会っても新しい道を切り開いていく鋼のような強さを持つ運の星です。

中年から運の発展があります。

11 ― 甲戌生日［養］

頑張り屋で、保守的タイプ

気取り屋で地味なイメージですが、芯は強く弱音を吐かず、責任感の強さがある星です。慎重で信用が厚いので周りから頼りにされます。

合理的な考えが功をなし、知恵を生み、財をなす人が多いのもこのタイプの星です。

女性の場合は、男性とは少し異なり、とても勝ち気でやんちゃ的ですが、チャーミングなタイプが人気を得るでしょう。また姉さん的でよく気がつき、人の心情がよくわかるので、とても頼りにされます。地位や肩書などで人を判断しないところがとても好かれます。何でもオープンでお世話好きな女性が多いです。

男女とも、養子運があり、男性は婿養子運で、女性は女系家族が多く、婿養子をもらう環境になりやすい星です。

12 ― 乙亥生日［死］

飄々《ひょうひょう》としたマイペースな、スペシャリスト

インテリなイメージを感じさせ、あまりお

です。

世辞や愛嬌《あいきょう》はないのですが、とても努力主義
　頭が良く機転が利くので、何か特殊な技能や技術などの資格を持つとよいでしょう。ただ、理論的な面が邪魔をして、上手に人間関係を作ることができない面もあり、物事を狭く考え過ぎる面が災いとなるので、社交性を持つことが開運につながるでしょう。

　いろいろな困難も乗り超えていく度胸もあるので、大器晩成型です。

　男性は養子に行くと、その家をとても発展させ、良い役割と環境を与えられる傾向があります。

13　丙子生日［胎］

華やかで、個性的な開拓者タイプ

　聡明な人が多い星です。一見、クールなイメージを感じさせますが、とても気さくで周りを明るくしてくれる、華やかさがあります。

　自分の世界を持ち、偉ぶることなく、媚びることもしません。独自の世界を生かして新しいものを開拓し、他人に任せないでコツコツと一人で仕事をする方が精神的に安定するでしょう。

　女性の場合は、愛想が良く、とても人との交流も上手に振る舞い、いざ困ることがあると、必ず誰かが助けてくれる徳を持っています。

　人から干渉されることをとても嫌い、自立

した関係を保とうとするので縁遠くなりやすく、独身また夫婦縁に波乱が生じやすいので、注意が必要です。

この星は、商才的に利益を求める仕事よりは、国や県などの公の利益につながる仕事にとても発展している人が多い傾向があります。

自分の才能をいち早く理解し、使命を知ることが大切でしょう。

14　丁丑生日［墓］

ポーカーフェイスのうちに隠された鋭い観察眼タイプ

創造力や新しいものを生み出す力がありまず。芸術や音楽などの世界で能力を発揮できる才能の持ち主です。

見かけは品があり、温厚そうですが、マイペースで人の好き嫌いも多いので、閉鎖的になりがちです。複雑な感情や心の闇を包み隠しながら全体のバランスを取ろうとするタイプです。

特に女性の場合、とても控えめで上品な方が多いのですが、内面は折れない、人と強調しない、自分の素な面を誰にも見せないという方が多い星です。

自分の心からの友人を持つことが、家庭や周りの関係を円滑にしてくれるでしょう。

15 ― 戊寅生日［長生］

常に向上心と目標を持つ野望タイプ

常に向上心と目標を持ち、大成し人の上に立つ頭領運があります。

統率力や、組織作りなど経営者、事業家などに才知を発揮し、若い頃から運の発展があります。親の跡を継がず、自力本願でのし上がる強運の持ち主です。

常に大きな野望を持ち、とても人格者であるので、周りから信頼され、人脈を幅広く広げていきます。まさに人柄が人生を作るという星です。

女性も正義感と競争心が強く、行動力もあるので、職業婦人向きで、家庭の主婦には納まり切れないタイプです。

16 ― 己卯生日［病］

バイタリティー旺盛なパイオニアタイプ

印象的にとても庶民的でのんびりした印象を持ちます。

人情的であり、サービス精神も旺盛です。普段は、とてもおとなしい人ですが、内面は二つの心を持つタイプです。一つは開拓精神、もう一つは反骨精神で、いつも両方を天秤にかけています。

このタイプの人の成功は、いったん信念を持つと揺るがない点にあります。ただメンタル面は弱く、短気な部分を出してしまうことが、せっかくの努力を無駄にしてしまうのです。感情を押さえることが大切です。諦めない精神を強く持つことです。

また典型的な内弁慶なタイプなので、家族の方は大変振り回されてしまうことでしょう。

この星で一番大切なことは、意志を強く持ち、継続することです。

17 ― 庚辰生日［養］

シャープな感性と行動力がある直線直行タイプ

勇敢なる資質を持ち合わせている星です。自由な雰囲気の中でその才能を発揮するタイプです。行動派でじっとしていられず、常に行動して動きながら考えるタイプです。

とても家庭的できれい好きな面を持ち、面倒見も良いです。

男性の場合は、管理職向きであり、部下を育て統率するのが長けています。ただ、男女ともに自分の人生を楽しく渡ろうとして、勝手気ままにわがままになりがちなので、周りとの歩調を合わせる努力が大切です。

人とは違う独特の感性を持っているので、努力と集中力の高さで運を開花していくでしょう。

天性の行動力が開運の鍵です。

18 ― 辛巳生日［死］

デリケートで甘えを許さない秀才タイプ

高貴で気品があり、とてもデリケートな星で一流を好みます。辛抱強く一つのことに取り組む精神力を持っています。努力と根性がこの星の武器となります。

同時に、他人を甘やかしたりはせず、自分にも厳しく、妥協しません。

利害関係の駆け引きなどにも敏感です。学問や芸能に優れ、感性が豊かです。霊感的能力を持つ人も多いです。独自の倫理観と正義感で筋を通そうとするところがありますが、精神的分野での活躍で成功していくでしょう。

統括力もあり、部下や年下の面倒見も良く、とても周りから頼りにされます。

ただ、この星は、人を恨んだら一生涯忘れない面があり、明日への原動力にしてしまうことが心を不自由にさせてしまいます。心を豊かに成長させることが大切です。女性には美人が多い星です。

19 ― 壬午生日［胎］

束縛を嫌い、天真爛漫な自由人タイプ

活気があり、知的で聡明、内向的なので結論を急がないタイプです。スイッチが入ると強烈なパワーと能力を現します。ただ、気に食わないことがあると、急に失速することがあります。

とても不思議な感性を持ち、神経質でナルシストです。

気分にムラがあり、感情の起伏が激しいので人生も波乱万丈になりやすいので注意が必要です。人間関係が成功の鍵です。

女性は、資産家に嫁ぐか、実家が資産家という場合が多い星です。

20 癸未生日［墓］

内に秘めた知性を持つ平和主義のアイデアマンタイプ

とてもおとなしい方が多い星です。才覚と感性を持ち合わせ、強い意志を持っている努力家です。

受け身で消極的ですが、気配りもでき、世話好きです。あまり敵を作りません。平和主義なので人とのトラブルにもなりません、観察力が優れ、周りの参謀役として潤滑油的存在です。

行動力はないのですが、企画力、アイデアなどの才覚と感性を持ち合わせています。

女性の場合は、家庭の主婦では納まり切れず、言い出したら聞かないなど、男性とは対照的な性格を発揮します。また男性に比べ経済観念が高いです。

21 ― 甲申生日［絶］

直観力で動きまわる、実業家タイプ

どんなことにもチャレンジする精神と、実現しにくい夢を真正面から取り込もうとする理想主義で生きやすいタイプです。

人生に何度か変転があり、不器用で面倒くさがりな面が顔を出し、安定しません。その影響が仕事や環境に害を及ぼしますので、現実離れしたロマンを抱くことに夢中にならないようにしましょう。

とても不思議な力の持ち主です。自分の直観力と勘と閃きに美学の場を広げていくことが活躍の場につながる近道になるでしょう。

女性の場合は、人懐っこい面と辛抱強い面を持ち合わせています。

どちらも、自分の好きなことを細く長く続けていくことで結果を得るでしょう。

22 ― 乙酉生日［絶］

闘争心を秘めた、平和主義タイプ

ホワイトカラー的な星です。素直で人当たりも良く、真面目なタイプです。

この星は人生経験が浅く、物事を見極める目が養われていない段階ではとても苦労をします。行動して経験を積むことが飛躍するための第一条件となります。

この星には両極端な面があります。理想主義でありながら、現実的な面で判断したり、デリケートであるが、大胆だったり、にぎやかなようで、孤独で短気な面があるのです。周りの人は振り回されてしまいがちな面が短所です。心の安定を大切にすることが必要です。

自分の好きなことには没頭するので、専門的知識と技術を習得していくとよいでしょう。男女ともに色情の暗示があるので、その点も注意が必要でしょう。

23 ― 丙戌生日［墓］

品格あり才能を持つ、資産家タイプ

線が細い印象を受け、自己主張もうまくはないですが、とても華やかで品格がある人が多い星です。情報や分析、収集が得意で、商才を持ち合わせている才能を秘めています。

不動産にも縁があり、経済観念にもとても強い星となります。

本音を明かさない秘密主義的なところがあり、独自の世界を強く持っている星です。自分の内面を顔に出すことが苦手です。

神仏や先祖との何かよい縁があり、財運があります。特に女性の場合、玉の輿《こし》に乗る運があります。

24 ― 丁亥生日［胎］

温和で人情的な、クリエイタータイプ

理性的で品があり、情は温順で人情味もあ

ります。損得にあまりこだわらないので、商才よりも研究家肌のタイプです。一見、温和な感じですが、目が鋭く、自分の価値観で物事を分析していきます。

ただ、とても気分屋で考えが定まらない点があるので、周りから信用を得られない点に注意を要します。

神秘的なものに縁がある星ですので、心の安定を求められれば地道な人生を送ることができるでしょう。

25 — 戊子生日［胎］

明朗で大衆的な、親分肌タイプ

豊富な知恵と高いプライドを持ち、何事にも動じない負けん気の強さを持つタイプです。有言実行を守り、成果につなげる実力の持ち主です。

周りからは、少し風変わりな、大物的雰囲気を醸《かも》し出し、スペシャリストの道を行く人、財運を活かして経済的な道を行く人もあります。どちらも一代で財を生み出します。

その才能と能力は技術、専門、特殊な分野にもとても向きます。

男女ともにとても良い財運を持っています。

26 — 己丑生日［墓］

知性と情熱を持つ、研究家タイプ

勉強家で趣味人なので、のんびりと暮らす

スタイルがとても落ち着きます。競争社会では能力を発揮できないタイプです。攻めの世界より守りの世界がとても合います。

非常に運も強く、能力の発展が期待されます。神秘的、精神的、宗教的な分野に関心を持つ人が多いのも特徴です。

女性は、自我が強いので自立するパワーを持ち、平凡な主婦には納まり切れません。

27 — 庚寅生日［絶］

束縛を嫌い自由を愛するテクノクラートタイプ

才知と教養があり、高い理想を持ち、芸術を趣味とする人が多いのが特徴です。

勘と気分で物事を決断するタイプでもあります。中には、投機的な分野で才能を発揮している人も多い星です。食べることに困らない財運はありますが、商売上手な人は多くありません。

とてもデリケートですが、勝負師的な面があります。

短気と気分屋が顔を出すと、多方面に影響を受けることとなるので注意が必要です。

人生に突然が多く、吉事も凶事も突然訪れますが、助け船に救われることも多い星です。

女性はボーイッシュで男勝りの人が多い傾向にあります。

28 ― 辛卯生日［絶］

誇り高く、プライドがあり天才型の一流タイプ

知能指数が高い人が多く、天才的な星です。一流好みで、すべて新しいものを好みます。品が良くサッパリしていますが、とても内面は繊細で神経質な面があります。

協調性に欠けるので、周りとの歩調を合わせることが大切です。

良い意味でも悪い意味でも、周囲をびっくりさせるようなことを平気でやってしまうので、周りからは宇宙人のように見られてしまうところもあります。

男女とも夫婦関係に苦情が出やすい星です。繊細な部分がいつも迷いや悩みを抱え込み、体調を崩しやすいので要注意です。プライドを捨て、周囲の人の力を借りることも必要です。

29 ― 壬辰生日［墓］

フットワークがあり、活気な親分タイプ

活動的で、運が強い人が多い星です。

何ともいえない存在感があり、知的で聡明であるのです。穏健柔和な態度であり、それが人望と頭領運につながっています。

また、運動能力が高く、スポーツマンの人も多いです。リーダータイプですが、基本は一匹狼的な性質なので、組織を束ねる管理職には向きません。

親からの資産を受け継ぐ星もあります。

女性の場合は、良妻賢母のタイプですが、子供に対して教育ママとなったり、過保護になりやすい傾向があります。

30　癸巳生日［胎］

コミュニケーション能力とマーケティング能力が高い実業タイプ

一見、地味な感じですが、明確な計算尺を持っています。穏やかで愛想が良く、世渡り上手です。頭がよく、情報収集力も高く、お金儲けが好きな人が多いです。

生活は豊かで、体験的な感覚を繰り返すことが、人生の飛躍につながるでしょう。

人との関わりの中で運をつかんでいく人で、自然体で生きていく中で、自ずと地位名誉を得ていきます。クールな頭脳を持ちながら人を動かす力を持ち、とても世渡り上手といえるでしょう。

ただ、内面的に悩みやすい傾向がある人が多いです。上手にストレス発散が必要です。

おおらかさと明るい心で心の曇りを取ることが、開運の道となります。

31　甲午生日［死］

正義感が強く、積極的で頭領タイプ

飾らない純粋な人で、人を疑うことを知らないお人好しなタイプです。

ただ、人に媚びないので、多少、横柄で不《ふ》遜《そん》に見えるかもしれませんが、素顔は気さくな人が多いです。

行動力と決断力を持ち、体当たりの精神で努力をするタイプです。

あまり直観やひらめきを信じない合理主義者で、何事も自分の目で確かめないと気が済まない面もあります。

とても庶民的な気さくさと、奉仕の精神で、人から喜ばれることをさりげなくできるタイプです。

女性の場合は、知的で堅実ですが、夫婦縁に難が生じやすい星なので、良き配偶者との縁が開運の道となるでしょう。

32 乙未生日［養］

世話好きで素直な、愛されタイプ

柔和で明るく、義理堅く人情にとても厚いので、周りからとても好かれます。素直な性格で良く学び良く遊ぶことでコミュニケーション能力を高めます。

不利な環境でも上手に生き抜く力を持っています。大金持ちまではいきませんが、不思議な財運に恵まれ、努力以上の援助や引き立てからくる金運があります。

女性は、両親の扶養の義務を持つことも多く、男性は色情に注意が必要です。

33　丙申生日［病］

美意識高く、才能豊かな芸術タイプ

見かけは素朴ですが、内面は鋭い勘と閃きを持ち、とても熱い情熱を持ち、チャンスがないかと狙いを定めます。勝ち気で負けず嫌いです。自分の才能によって独自な世界を持つタイプです。

ただ、自分の意見を押しつけやすい面があります。とても美的センスがあり、芸術家も多いのですが、実業的な才覚もあり、損得勘定も優れているので、商才にも長けています。

我を出し過ぎると、孤立しやすくなるので、注意が必要です。

女性は、職業婦人として活躍されている方が多い星です。

34　丁酉生日［長生］

さっぱりしていて、辛抱強いプロデューサータイプ

繊細さと大物的度胸の強さを兼ね備えた星です。

若い頃から発展する運を持っています。

夢を追う空理空論は嫌いで、思想は常に実利と共にあると考えるタイプです。

芸術性もありますが、クリエイター的資質と同時に、演出力とプロデューサー的才能を持ちます。心の中をあまり出さず、我が道を行くタイプです。

基本的に平和主義者で争いを嫌い、世渡り

上手ではナンバーワンの星です。
女性は、周囲を引きつけるカリスマ性を持った人が多い星です。

35 ― 戊戌生日［墓］

文化的才能と個性を持つ、自信家タイプ

地味で落ち着いた印象を与え、とても庶民的なイメージの人が多い星です。

勉強家で、堅実に努力をし、粘り強い持久力を活かし、チャンスをつかみます。

芸術的才能を持ち、独自の世界や独自の文化を、作り上げる能力も高いです。

人生には常に障害が待ち受けていますが、底力で乗り切り、チャンスをつかみます。

ただ、家庭運はあまり良くありません。

36 ― 己亥生日［胎］

知的でクールなアーティストタイプ

クールでマイペース、非常に自我の強い面があります。集団での行動は苦手で一匹狼な面があります。腰は低いが権威には、媚びません。

立場に甘えず大器晩成型であり、権力に媚びたりすることも嫌いです。

コツコツが一番自分らしい生き方で、人と違った感覚や思考を持っているので、人生を自分流で楽しむことができるでしょう。

女性は人生の途中で挫折しやすいので、配偶者運を良くすることが大切になります。

37―庚子生日［死］

技芸に才能を発揮する風雲児タイプ

福徳と才能の星です。折り目正しく温和で、性格はとても淡白です。

単純な世界が好きなので、複雑化に合いません。とてもサッパリした人が多いです。人としても人望も厚いので、人から好かれます。

手先が器用で、芸事に才能を発揮しますが、信念が風雲児的に発展するタイプでもあります。

女性は、男勝りの美人が多く、世話好きな姉御タイプが多いです。

38―辛丑生日［養］

粘り強さと努力で、一国一城の主タイプ

自尊心強く誇り高いタイプです。知能指数がとても高いタイプが多いです。頭の回転の速さと、要領の良さで地位を築いていくことができます。自分の城を作る傾向があり、気に入った人との対応とそうでない人との対応にとても温度差があります。

女性は社会性に欠けており、あまりコミュニケーションがうまくないので、冷たい印象を持たれやすい傾向があります。

自分の視野を広げることにより、人生は大

きく展開していきます。

39　壬寅生日［病］

心に毒がなく保守的な良職人タイプ

勢いがあり、とても働き者で、お調子者です。

お人好しで心に毒がなく人から好かれます。常に前向きで、信用と誠実をＰＲしていくことでチャンスをつかみます。

絵に才能があるので、その楽しみを見つけていくことが大切です。趣味としても開花します。

肩のこらない生き方を志向しているのです。

男女とも配偶者運は良くなく、配偶者側に病気や事故などのトラブルが発生する傾向があります。

40　癸卯生日［長生］

現実的で合理主義で、世話好きタイプ

人のつながりをとても大事にする星です。

責任感も強く石橋を叩いて渡るタイプでもあり、現実的で合理主義的な思考タイプでもあります。とても負けず嫌いの星です。

忍耐強く、独立独歩の道を歩んでいきます。

女性は、家事などすべてを引き受け、とても世話好きで、面倒見が良いでしょう。

一芸に秀でるので得意分野を伸ばすとよいでしょう。

41　甲辰生日［衰］

品が良く温かく、社会性があるタイプ

忍耐と努力をモットーに道を開いていくタイプです。

鋭い観察力と批判力を持ち、陰の実力者として力量を発揮することができます。

政治にも関心があり、エリート街道の道で頭角を現す人も多い星です。

先祖を大切にする、信仰心を持ち合わせています。

ただ、攻めは強いけれども守りが弱いので、脇をしっかり固めないと足元から崩れがちです。

女性は、束縛されないで自由で気ままな生活を好みます。男性は色情に注意です。

42　乙巳生日［沐浴］

美的センスがよくソフトで、バイタリティータイプ

柔和で温かさを持つ人柄ですが、内面は不安を抱えている人が多い星です。

真面目で努力家ですが、いつも現状に満足できず、性急で短気なところがあり、羽目を外しやすいです。

人のアドバイスに耳を傾ける姿勢が大切です。

異性問題を起こしやすいので、注意が必要です。

女性は、とても駆け引き上手で、負けず嫌

いです。男性よりやり手である傾向が強いです。

43 丙午生日［帝旺］

明るく華やかな、リーダーシップタイプ

六十干支の中で一番強い星です。

太陽のように明るく、さわやかな印象を受けます。プライドと理想は高く、トップになる気質を持ちます。権力をものにしてドンドン目標に向かって努力します。

ただ、一番の欠点は、気が向かないとカッとなる点です。さらに、自分が間違っていても頭を下げることができない点は短所です。周りに対する感謝の念を伝えることで、真のトップの座を獲得することができるでしょう。

女性の場合は、棚ぼた的な考えをなくして、職業婦人として活躍された方が、生きがいとなります。

44 丁未生日［冠帯］

時代を先取り、才能を開花する社交家タイプ

時代に合う生き方を選択します。強烈な力はないけれど、自分の中で決めた目標は、最後までやり抜く強さはあるのです。

人に心の根を話すタイプではなく、他人から理解されない点も多い星ですが、強い粘りと執念は、必ず晩年には結果を出して、安定します。

女性は、男勝りで社交家です。優れた計算の高さを秘めているので、内助の功として発展します。

人生に何度か金銭の問題が発生しやすいので、金銭管理はしっかりとする必要があります。特に、組織の責任者になった場合には、必ず有能な財務管理者を置くことが必要です。

45　戊申生日［病］

自然体でおおらかな、寛大タイプ

鋭い感性を持ち感覚人間なので、勘と実践型で成功を勝ち取る星です。

第一印象では品格の高い印象を受けますが、気さくで、人懐っこい面で、自然なイメージが好感を持たれるでしょう。人から信頼され才能を発揮することができます。

芸術や芸事の才能もあります。

女性は、いつも心配性で、杞憂《きゆう》しがちな性格の方が多い星です。上手なストレス発散をすることをお勧めします。

46　己酉生日［長生］

好奇心と情報能力にたけ新規事業の開拓者タイプ

好奇心と知識欲が旺盛で、習得能力も高い星です。

品格と愛嬌とユーモアがあり、育ちの良さを感じさせます。

開拓者という使命を持って生まれてきた星

です。開拓に必要な情報や、知識、今後の利益率などをすべて調整して、みんなが豊かになるシステムを作り上げる能力があります。

運が落ちても、リターンマッチできる運の強さがあります。内面にはかなりな負けず嫌いで強い精神力の持ち主です。

男女ともに晩年安定する星です。

47 ― 庚戌生日［衰］

努力家で物静かな目標達成タイプ

とても働き者で、照れ屋でおとなしい感じの方が多いです。人のやらない仕事に挑む姿勢が周りから評価を得るでしょう。

とても個性的です。与えられた天命に従い、地味に粘り強く使命を果たそうという人です。どんなに厳しい環境でも耐え抜ける強い意志を持ち発展していく星です。

女性は、とてもおっとりしていて、頭が低い人ですが、男性から見ると女性的優しさに欠ける傾向があります。

48 ― 辛亥生日［沐浴］

直観力に優れた、雄弁なサポートタイプ

浪花節的な義理人情型です。

旺盛なバイタリティーと行動力があり、頭の回転も速いのです。人の世話役も多く、心遣いに優れ、周りから頼りにされます。人を動かす力もあり、説得力や決断力も持っていますが、感情の起伏が激しい面があるので、心を冷静に保つことが開運につながります。

男女ともに、異性問題と金銭浪費にも注意が必要です。

49―壬子生日［帝旺］

大胆で行動的な自由人タイプ

一代で築き上げる星です。折り目正しく、常識的で活動派タイプです。

世話好きで社交的、人のために苦労もありますが、時代の変化に対応する能力の高さで挑戦していきます。自由を愛し、束縛を嫌い、いつも公平であることが主とするタイプです。

女性は、才覚に富み、おおらかで社交家です。

男女とも、色情問題に災いとなり、注意が必要です。

50―癸丑生日［冠帯］

先見の明がある、野心家タイプ

物静かで、とても良い印象を受けます。内面は、情熱と信念に生きる野心家に多い傾向があります。

枠にはまらない生き方を好むので、人に合わせることが苦手ですが、どんな環境でも適応する粘り強さと頑張りを持っています。

この星は、変化のない世界や義務と強制の世界では、枯れてしまいます。自由に束縛のない環境で、直観と閃きとすばやい対応能力で結果を生むことができる星です。

自分の能力以上のことに手を出して失敗を招く恐れがあり、身の丈を知ることも必要です。また敵を作りやすいので謙虚な姿勢も大切です。

男女とも結婚にトラブルが発生することが多い星です。配偶者選びは慎重にすることが大切です。

51 ― 甲寅生日［建禄］

言葉に毒があり、鋭く自信家タイプ

芯がしっかりしていて、言葉に力があります。プライドと自立心が強く、自分の力のみを信じる自信家です。浮いた言葉など言えませんが、言葉に重みがあり、理論的な説得力があります。

ただ、言い方がオブラートに包まずストレートなので、周りの人の中にはカチンときている人がいるのかもしれません。嘘やお世辞が言えない人が多い星なのです。

自立心が強いのでサラリーマンよりは、自由業がいいでしょう。

女性は、男性より仕事熱心で技術職など成功している人が多い星です。

52　乙卯生日［建禄］

平和主義の、格闘家タイプ

とても穏やかな大人しいイメージを感じさせます。協調性もあり、知的で冷静で合理主義です。体が柔軟で運動神経も良いので、格闘家やスポーツの世界で成功している人も多い星です。

トップとして活躍したい場合は、大企業ではなく、小さい会社が適しています。独立心が強いので自営業の方も多い星です。

女性は知的で冷静さを秘め、良妻な人が多い傾向です。

53　丙辰生日［冠帯］

明朗で理想が高く、才人タイプ

高い知能を持ち、勘と閃きに優れた才人です。聡明で知能指数が高い人が多いです。

理想も高く、強い精神力を持つため、厳しい環境の中でも行動力を発揮する運の強さを持っています。ただ、熱しやすく冷めやすく、お天気屋なところがあり、あまり粘り強さはありません。

この点と妥協ができない点が、進む道を狭くしてしまいます。これらを克服すれば、必ず運を味方にできるでしょう。

女性はボーイッシュな人が比較的多い星です。

54 丁巳生日［帝旺］

頭が良く合理主義者タイプ

地味で、庶民的な雰囲気で、人当たりが良いです。

完璧主義者で、研究心も旺盛です。ただ内面は、意外に神経質です。周囲から、マイペースで気まぐれであると思われがちな面もあります。

見た目も穏やかで、さわやかなイメージが好感を持ち、誰からも愛され、人気の的となる人です。

猜疑心《さいぎしん》と嫉妬《しっと》深いところがあるので気をつけましょう。平常心と精神的安定が大切です。

女性は魅力的な印象を持ちますが、激しい感情を秘めています。

55 戊午生日［帝旺］

存在があり大胆で、夢を追うタイプ

とても器の大きい存在であり、落ち着いた風貌を持ちます。人に媚びてお世辞を言えるタイプではなく、何事にも恐れない自信と知性を兼ね備えています。大胆で努力家であり、情も厚いので来るものは拒まず、去る者は追わずという、あっさりした面もあるのです。

しっかりとした信念を持ち、出世して成功する人が多い星です。適度に頑固はよいのですが、人の意見も少しは耳を傾けましょう。

女性は好き嫌いもハッキリしていますが、

情も厚く、姉御肌です。

56 ─ 己未生日［冠帯］

現実的で強い信念を持ち、外柔内剛タイプ

誠実で素直ですが、内面にはとても強い信念を持ち、精神面においても芯のぶれない強さを秘めています。

自分が信じる道を頑固に着実に歩んで行きます。強い精神力と信念を抱き目標を達成していけるでしょう。

特殊な才能を持ち、教育関係や芸術方面にも才能を発揮することができるでしょう。

男女とも、家庭運が良くない傾向があります。

57 ─ 庚申生日［建禄］

直観力を持ち、独立タイプ

人徳があり、人に愛される天分があります。親分肌でもあり、おだてに弱いのですが、努力さえすれば成功する運命を持っています。ただ、強引で攻撃的な面を持つので、トラブルも生じやすくなるので、感情的な言動には注意が必要です。

若い頃には苦労して中年以降に成功できる運の強さがあります。ただし、人とのコミュニケーション能力を高めることが成功のカギとなるでしょう。

女性は穏やかそうですが、内面は頑固で負けず嫌いです。

58 ― 辛酉生日［建禄］

上品で運と才能に恵まれた感性型タイプ

磨けばダイヤモンドになる、原石であり強運の持ち主です。

上品で鋭い感覚と才能を持ち、厳しい環境の中でも決してくじけることなく、生きようとする人です。努力次第では成功する人も多い星です。ただ内面は、孤独で静かな世界を好み、神経質な面が災いをもたらすこともあるので注意が必要です。

仕事は確かなものがあり、沈着冷静です。学者や研究家、教育者、芸能人などに向いています。

女性は美人が多いです。しっかりしたお姉さんという雰囲気で、少し女性的なソフトさが欠けています。

59 ― 壬戌生日［冠帯］

個性が強く、勝ち気な親分肌タイプ

プライドが高く、いつも何かに情熱を燃やしています。向上心でどこの世界でも頭角を現し、リーダー的な器を持っています。

マイペースで、柔軟性と協調性があり、不屈の闘志を持って事に当たります。

ただ、急流のように結論を急いでしまい、失敗することもあるので注意が必要です。短気で剛情な面が短所となります。

強運で同時に波乱もありますが、中年以降

は運気が発展します。

男女ともに結婚運に難が生じやすいので、相性が大切です。

女性は結婚問題に難ありです。

60｜癸亥生日［帝旺］

社会的で努力家な研究家タイプ

穏やかで、平和主義者的な印象を感じさせ、人の幸せを願う愛情心があるので人から尊敬を受けます。

夢の実現のために強烈な努力をして、周りからカリスマ的存在な評価を受ける人も多い星です。

お人好しで包容力もあり、社交的で開放的な性格はいつでも平和を望み、決して人と争うこともなく幅広い人間関係を作ることができます。

女性は姉御肌的なタイプが多いです。男性は色情に注意です。

知恵を生む

第11章

流年の吉凶判断

流年の運気を見る

本来は、大運・流年の関係で判断しますが、本書では、流年での吉凶判断を紹介します。

毎年の自分の命式を読み取り、判断していきましょう。

大運の期限（大運）

11〜20歳

流年	大運
己亥	丁亥
正財	傷官
長生	長生
印綬	印綬

流年（2019年）

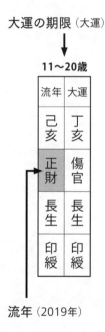

流年が比肩の年の場合（独立・分離）

この年には、独立心が強くなり、分離という意味を表します。

五行図を見て、自分の星（比肩）の所に●星が少ない場合は、自分の意志も強くなり、周りの意見に左右されない指針ができる時期となります。新しく何かを始めていくにも良い時期となります。新しく独立していくことにもよいでしょう。

自分の星（比肩）の所に●星が多くある方（三つ以上）の場合は、さらに頑固となり、周りの意見も聞かない面が強くなり、人間関係に波紋を抱き、トラブルを生じやすいので注意が必要です。

また、比肩は財星を傷つけます。財とは（お金、家庭）を意味するので、その部分の凶作用を受けやすくなるのです。

男性の場合は、特に夫婦問題などを生じやすく、妻を傷つけてしまいがちなので注意。愛情が冷めて相手の欠点ばかり目につきやすくなります。一番離婚率も高い時期でもあります。

仕事面では、事業をしている方も、厳しい時期となります。サラリーマンなどは、分離や転勤、転職などを意味するので、仕事上の配属など変化が訪れます。リストラや左遷などの問題も生じやすく、自分から会社を辞めたくなる時期にもなるでしょう。

大きな買い物や不動産、マンション、家を購入する時期ではありません。購入後、資金繰りに厳しくなり、物件自体に問題が生じやすいので大きな買い物は、お勧めしません。財運はお金が流れやすい時期なのです。

流年が敗財の年の場合（損害・メランコリー）

この年は、弱気の失敗という意味を表します。

五行図を見て、自分の星（敗財）の所に●星が少ない人も●が多い人もどちらにも良い時期ではありません。●が多いことで凶作用が強く出るのです。

敗財も財を傷つけるのです。財とは（お金・家庭）を意味するので、その部分の凶作用を受けやすくなります。すべてにおいて人間関係がチグハグで、誤解されやすく、迷いや不安がつきまといます。挫折的感覚に陥りやすい時期です。

比肩の時は頑張ることができたのですが、急に自身がなくなる時期となります。気持ちを前向きに、生活リズムだけでも整えることが大切です。

仕事面でも思わぬトラブルに巻き込まれやすい時期です。自分の不注意から契約上のミスや相手との誤解、確認不足によるトラブルに細心の注意を要する時期ですので注意をしましょう。

恋愛面は、お互いの心が一方通行です。少し距離を保つことで良い方向に向かいます。

財運はとにかくお金の損出が多い時期です。保証人になって失敗しやすい時期でもあるので、金銭問題にはくれぐれも注意をしてください。また、盗難や災害での損出も暗示されています。この時期は、災難につきまとわれる時期、お金、人間関係など注意が必要です。

流年が劫財の年の場合（崩壊・強気の失敗）

この年には、我が出やすく、強気の失敗という意味を表します。

五行図を見て、自分の星（劫財）の所に●星が多くある方の方が、凶作用は強く現れます。劫財も財を傷つけるのです。財とは（お金・家庭）を意味するので、比肩、敗財、劫財の時期はすべて財・家庭などに凶作用が出やすい時期となるのです。その中で劫財は、我が出やすく、欲に走って失敗しやすく、儲け話に乗りがちです。冷静な判断が必要となります。

この時期になると、仕事面でもお金の問題が発生します。小さな問題ではなく大きな問題に発展しがちなので、十分な対応を心がけるようにしてください。

恋愛や結婚は、溝が深まる倦怠期になる時期なので、この時期の判断は自分の感情面が先走り後から後悔しないよう冷静な判断が必要となるので、少し時期を待つことも大切です。自己中心的な考えが、周りを疲れさせてしまいます。

財運は、お金のトラブル、ギャンブルや株、投資信託などにも損出しやすい時期なので、注意が必要です。大きくお金が流れてしまいます。

ただ、命式に食神の星がある人は、劫達の命の時期となり、大きな運を呼び込む最強のチャンスの時期となります。

流年が食神の年の場合（安定・平和）

この年には、安定と平和という意味を表します。

比肩、敗財、劫財の苦しい時期が過ぎた、ほっと一息つける年に入ります。精神的にも落ち着き、良い環境が整います。物質的にも恵まれ、安定します。

仕事面も安定して、人間関係にもとても恵まれます。衣食住に恵まれ、グルメや旅行または旅先で理想の異性との出会いもある時期です。冬の時代から春になり、良い風が流れ始めます。子供に恵まれなかった人も、この年がチャンスです。

妊活を休止していた夫婦はこの時期からスタートです。諦めず、前だけ見ましょう。財運も上々です。とても安定した時期となります。

食神の年は、独身の人には良い出会いが生まれ、結婚のチャンスの年となります。既婚者には、不倫問題を起こしやすいので注意が必要です。

流年が傷官の年の場合（才能・創造性）

この年には、才能と創造性という意味を表します。インスピレーションや閃きが冴《さ》える時期です。創造力が刺激されて才能を発揮するでしょう。とても繊細な時期なので、神経質になりやすい時期ですが、運気は上向いているので、焦らず前進しましょう。

恋愛や結婚は、相手の嫌な面ばかりが気になり、イライラしがちな時期です。結婚を意識しているカップルには時期を待ち、次の財星になる時期に決断した方がよいでしょう。

仕事面でも才能に評価を得るチャンスが訪れます。張り切って、自分の作品を提案してアピールしていきましょう。芸術方面の才能が認められる時期で企画も通りやすい時期、この時期にチャンスをつかみましょう。

●星が（傷官）多くある人は官星（社会性・夫・名誉）を傷つけてしまいます。仕事関係との人間関係のトラブルが発生など、配偶者、特に女性の場合が男性を傷つけてしまいます。離婚訴訟の問題や自分の社会的地位や名誉にも傷がつくこともあります。感情で考えてしまいますので、少し気持ちを和らげての判断を心がけるようにしましょう。

この時期努力をしたことは、必ず力となり結果がついてきます。

流年が偏財の年の場合（投資・奉仕）

この年は、投資、奉仕の意味を表します。

社交性も強まり、とても安定した時期となります。人との交流も多くなり、とても人気運が高まる時期です。

恋愛や結婚はとても良い時期です。長過ぎた春の人もこの時期に結婚を決断しましょう。障害なく順調に決められる時期となります。

仕事面では、積極的に進出する年となります。拡大し、どんどん新しい分野を広げていくことができる年となるのです。仕事上に関係ない分野でのボランティア活動もどんどん参加しましょう。良い出会いが、仕事につながることもあります。

また、何かと人のお世話や面倒を見なければならない時期でもあるので、積極的に活動しましょう。その活動が財運を生み出し、お金を流動させ、財を増やすことができるでしょう。営業成績の評価や投資的なことに発展があるので、思わぬ収入アップが期待できます。

●星（財星）が多くある人は、財多くして流れることになるので、浪費癖や衝動買いなどお金の出入りが多くなります。金銭感覚をしっかりすることが大切です。

流年が正財の年の場合（収穫・固定）

この年は、収穫があり固定の財を意味しています。

今までの努力や苦労が報われる時期です。固定の財を表すので、家を建てる時期、不動産購入にも良い時期となります。財に恵まれお金にもゆとりが生まれてきます。

恋愛や結婚にもすべてに良好な時期となり、良き伴侶を得る時期です。まだ巡り会っていない人は、活動的に動きチャンスをつかんでください。また、子供ができなかった夫婦にもご懐妊しやすい時期なので、この運気を上手に活用してください。

仕事面もコツコツ真面目に勤めた功績が認められる時期となります。仕事での人間関係もとても良く、思わぬ報酬を得ることもあります。

●星が多くある人は、偏財と同様に財多くして流れることになるので、財の管理など十分に整えておくことが大切です。真面目に働いても出費の方が多くなり、お金にゆとりがない時期となるので、自分の命式に財の星が三つ以上ある人は気をつけることが必要です。

不動産や家など大きな買い物には、この時期は避けた方がよいでしょう。

流年が偏官の年の場合（変化・権力）

この年は、変化が起こり、社会性の意味を表します。

行動的になり活動範囲が広がり、積極的に動くことで結果を生み出す時期となります。気持ちも心機一転となり、意欲的に活動することができるでしょう。才能が試されるチャンスが訪れてきたのです。真摯《しんし》に受け止め、この時期集中して乗り切りましょう。努力し行動を起こした分だけ、結果を出すことができるでしょう。

恋愛や結婚は仕事上での出会いが多くなります。職場恋愛に発展するチャンスです。

仕事面では、人事で異動などの変化の多い時期です。昇格または昇進も多い時期となり、急に責任を持たなくてはならないことも起こります。

●星が多くある人は、自分の星（比肩・敗財・劫財）を傷つけます。さらに偏官は、比肩星から数えて「七殺」ともいい、自分の星を傷つける星となるのです。

官の星が三つ以上多くある人は、この時期、自分の星が社会から傷つけられます。社会から、圧迫され人間関係のトラブルや転勤、リストラ、ライバルまたは競争相手の出現でガタガタ来てしまう時期となります。ストレスを多く受けやすいので休みの日にはゆっくりと休息を心がけましょう。

財運は出費もありますが、お金に困ることはありません。

流年が正官の年の場合（発展・社会性）

この年は、発展、社会的に伸びていく意味を表しています。

主体性を持ち、襟を正す意味で、社会的にも自分の使命に責任感を持てる時期となります。今まで頑張ってきた願いが叶い、高い評価を受ける年になるでしょう。

恋愛や結婚はお見合いなどの周りからの紹介で良縁を作りましょう。また、目上の援助紹介、パーティーなどの会にも積極的に活動していきましょう。この時期を逃すと縁が遠くなるので、行動に移していくことが大切です。

仕事面では、社会的な評価は高く昇進や昇格、栄転などの地位名誉ある転勤、異動の年となります。経営者の場合も同様人からの引き立てや援助など、良い展開に発展していきます。財運もとても安定していきます。

●星が（三つ以上）多くある人は、官星は（自分の星）をストレートに傷つけられてしまうので、名誉地位を得たものの、期待外れだと抽象的な批判など、社会的なバッシングを受けがちで、精神的に苦しめられる時期となるのです。それがエスカレートすると、すべての人から自分が攻められていると感じてしまいます。そんな時は無理に結果を出そうとせず、すべてのプライドを捨てて、今自分にできる仕事をコツコツこなしていけば、信用を得ることができるでしょう。

流年が偏印の年の場合（技能・不安）

この年は、技能面、内面的に迷いが多くなり、不安という意味を表します。先行きの不安にさいなまれることもあります。技術面や趣味、または精神的な分野に興味を持つ時期となり、生活のサイクルが変わります。

恋愛や結婚もこの時期には決断ができないでしょう。優柔不断な面が出やすく、良い関係が保てなくなりがちです。出会いを求めている人には、友人からの紹介が良い発展を生み出します。

仕事面は、社会的に伸びていく時期ではありません。内を固める時期となるので、現状維持がよいでしょう。

財運はあまり良くないです。余分な出費が重なるでしょう。

●星が（三つ以上）多くある人は、偏印星は「社交性・才能・女性は子供」を傷つけます。精神性の星なので、急に内向的になりやすい時期となります。

またこの時期は、病気の根を作りやすい時期です。精神的に弱くなる時期なので、具合が悪くなったら我慢しないで、医師の診断を受けましょう。

流年が印綬の年の場合（学問・知恵）

この年は、思考能力がつき学問、知恵という意味を表します。社会的な行動は減退しますが、内面的な精神的活動は盛んになる時期です。学問や専門分野の知識を学ぶには良い時期となります。

恋愛や結婚はこの時期がラストチャンスです。当分ご縁がなくなります。長過ぎた春にならないように、この時期にチャンスをつかみましょう。

仕事面は、実りの秋となります。次に来る冬支度を整えて、足元を固める時期となります。この時期に習い事などを始めるのもよいでしょう。学問や芸能、宗教哲学分野にはとても発展があります。資格試験などこの時期に行うとよいでしょう。

しあわせを
つかむのは
あなた

第12章

吉凶星の判断

吉凶星の判断

すべての吉凶星は１８０種類あるのですが、実際、鑑定で使うことのできる有用な星は、この中で①天徳貴人《てんとくきじん》、②羊刃《ようじん》、③魁罡《かいごう》の三つのみです。

本書ではこの三つに絞って説明していきます。

天徳貴人《てんとくきじん》

生月	天徳貴人	天徳合
子	巳	申
丑	庚	乙
寅	丁	壬
卯	申	巳
辰	壬	丁
巳	辛	丙
午	亥	寅
未	申	己
申	癸	戊
酉	寅	亥
戌	丙	辛
亥	乙	庚

災いを取り除くといわれている大吉星です。

先祖の徳を表します。

天徳星は月柱にあるのが一番良く、先祖の徳によって救われるとされる星です。

また、四柱に天徳星が二つある場合は、「四方干徳《しほうかんとく》の命《めい》」といい、先祖の功徳に預かること数知れず、大難が小難となって九死に一生を得ることができる最強星になります。

地震に遭っても、大きな事故に遭遇してもこの四方干徳の星を持ってる人は生き残れるほどの運の強さを持っているのです。

この星を持っている方は、意識と行動を変えることで、最強の運に展開していきます。

天徳貴人の強弱

❶月柱
❷時柱
❸日柱
❹年柱

干支による天徳貴人の強弱

❶庚乙
❷壬丁
❸戊癸
❹丙辛
❺甲己
❻寅亥・巳申

変通星での働き

変通星では、印綬につく天徳貴人が一番強く作用します。
比肩、敗財、劫財につく天徳は7割から5割の働きとなって効果が弱くなります。
天徳星には、倒食解除の効果があります。

羊刃《ようじん》

吉凶星／日干	甲	乙	丙	丁	戊	己	庚	辛	壬	癸
羊刃　年月日時	卯	辰	午	未	午	未	酉	戌	子	丑

羊刃が本体にある場合、性格が激しく、運命も波乱が多くなります。
特に、日干が陽干の場合は「帝旺羊刃」と呼び注意が必要です。
帝旺洋羊刃の位置で良くないのは、次の順番になります。

①時上の帝旺羊刃……一番良くない

晩年、子孫運など人生の終盤や未来を司るという意味で、一番強く働きます。

②年上の帝旺羊刃……2番目に良くない

先祖や血統などに問題が生じます。

③月上の帝旺羊刃……3番目に良くない

その人の人物の性格や社会に強い影響を与えます。

④日支の帝旺羊刃……4番目に良くない

結婚、家庭運に大きな影響を与えます。

羊刃はすべてに対して凶ではありません。命式に偏官がある場合、自我を押さえる役目として羊刃の強さを押さえてくれるので、よく働いてくれます。偏官がない場合は、正官でもよいでしょう。

魁罡《かいごう》

生日干支は、四つのみです。

❶戊戌
❷庚辰
❸庚戌
❹壬辰

魁罡生まれの人で、身が旺ずる人は運気強く、社会的には事業家として大きく発展します。性格は聡明です。文章能力があり、一に秀で神に通ずるといわれています。果断で進取的であるともいわれています。名を馳《は》せれば、事故など急展開することもある特殊な星です。

女性より男性にある方が、生命的な凶作用が出やすいでしょう。

五行説とは

五行説は、自然のあらゆるものは、木火土金水という、五種類の要素【気】で成り立つと説いています。その五つの気のバランスを良くすることで、運を良くすることができます。気のバランスが崩れることで病気になり、心身のバランスを崩しやすくなります。中国で生まれた東洋医術では、診察の前に生年月日を（四柱八字）を出して、もともと持っていた体質を判断したそうです。その五行に陰と陽の関係があり、その五行の相性と相尅の相互関係によって、さまざまな現象が現れます。

したがって陰陽五行は五行推命（四柱推命）などの占いの理論というだけでなく、東洋の文化の理解も深めることができる学問といえるでしょう。

日本でも陰陽五行が陰陽道を通して、日本のさまざまな祭りや風習、儀式などに活用されています。奈良時代に『五行大義』という、陰陽道の最も重要な教科書でもあった書物が陰陽師たちのみならず、貴族、文化人、医者たちなどに読まれていました。陰陽五行説を根本思想とする五行推命（四柱推命）などの占い理論というだけでなく、学問の一つとして考える学術であると伝えられているのです。

第13章

開運術

自分に必要な開運アイテムとは？

安田式五行図は、自分の命式を五行図として画期的に表すことができます。これにより一目で自分の星に何が足りないのか？　がわかります。自分に足りない星やそれを補う星を出して、ラッキーアイテムやラッキーカラー・ラッキースポットで運気を上げましょう。

木・火・土・金・水の星がバランス良く配置されている方は、運勢も安定します。星が多く太過している場合には、その部分の問題が発生しやすくなります。

自分の命式に三つ星があり、大運・流年に四つ以上星が太過する時期に気をつけましょう。その場合は、その星を尅する星のアイテムを使用します。

例えば、木が多い場合は、金のアイテムを使用します。相生・相尅（47ページ、48ページ、260ページを参照にしてください）。

さあ、自分の命盤を出して、自分に必要な開運アイテムを活用してみましょう！

※開運アイテムは、毎年大運・流年の周期が変わるたびに星が動きます。

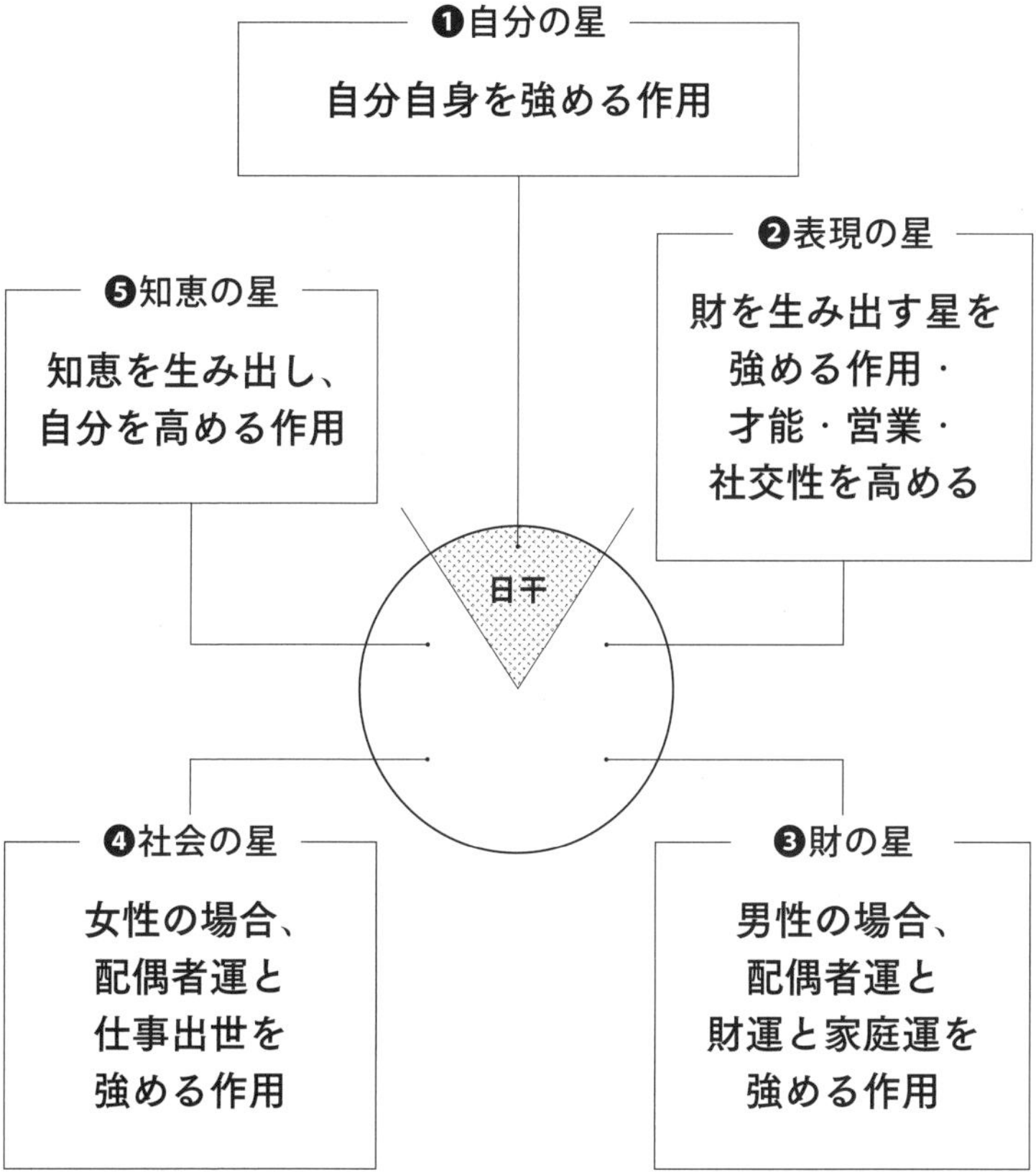

※❶～❺にバランス良く星がある人は運勢良好

自分の命盤と見比べよう

【日干が金（庚・辛）**の場合】**

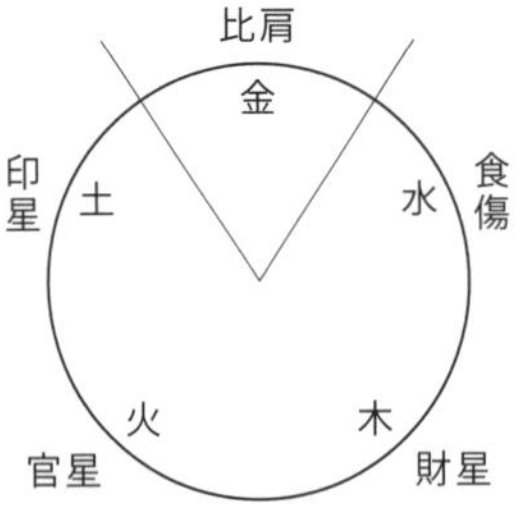

【日干が木（甲・乙）**の場合】**

【日干が水（壬・癸）**の場合】**

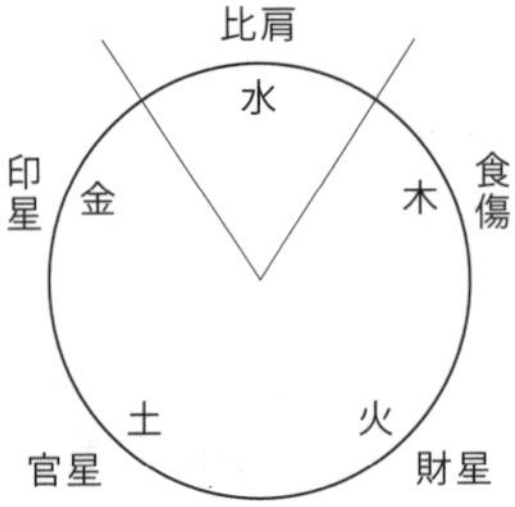

【日干が火（丙・丁）**の場合】**

【日干が土（戊・己）**の場合】**

自分の命盤を出して、木火土金水の星で●がどのようなバランスに配置されていますか？　●の太過している所、●の足りない所を調べてみましょう！

	弱い点	ラッキーアイテムを使用すると
❶の星 比肩が不足の場合	意志が弱い 大きなお金を管理する能力に欠ける 無駄遣いをする 困難にぶつかると諦める	自己実現を叶えることができる 決断力がつく 自分の意思を強く持つことができる 意志が強くなる
❷の星 食傷が不足の場合	財を生ずる能力に欠ける 商売や自営業には向かない 感性がない 相手の心を見抜くことができない	才能や閃きを強める 財を生む才覚が養われる 商売・ビジネスを発展させる 女性の場合は子宝に恵まれる
❸の星 財星が不足の場合	家庭性がない 金運が乏しい 男性は配偶者との縁が弱い 愛情面が少ない	財運アップにつながる 家庭的安らぎを得ることができる 愛情が芽生える 貯金ができる 男性には配偶者の星 （独身の方は良いご縁ができる）
❹の星 官星が不足の場合	責任感に欠ける 地位や名誉に縁がない 大企業・会社組織に適さない 女性は配偶者との縁が弱い 男性の場合、子宝に恵まれない	出世することができる 社会的評価を得る 女性には配偶者の星 （独身の方は良いご縁ができる） 男性の場合は子宝に恵まれる
❺の星 印星が不足の場合	知恵がない じっくり物事を考えて行動するのが苦手 深く悩まない 粘り強さに欠ける 人からの援助運が弱い	学力向上になる 知恵が生まれる 周りからの援助や引き立てを受ける 考えて物事を判断することができる

［五行開運アイテム］

	カラー	アイテム	スポット
木	ブルー スカイブルー グリーン エメラルドグリーン ミントグリーン	観葉植物 木の製品（木の時計など） 森の香りのアロマ 和紙 バンブー製品	森林 神社 図書館 山の温泉 静かな避暑地
火	ピンク ショッキングピンク オレンジ レッド ローズレッド	電気スタンド キャンドル カメラ サングラス 照明器具（三角の形）	南国（沖縄やハワイなど） 華やかな繁華街 温泉 ヨガ マッサージサロン
土	ベージュ サンドベージュ ココアブラウン キャメル レモンイエロー	陶器 タイル製品 漆のお盆 富士山の絵 大理石	山（アウトドアやキャンプ） ゴルフ 遊園地 グラウンド 草原の広い場所
金	ゴールド シルバー スカイグレー ホワイト ミルキーホワイト	丸い照明 パソコン 宝石 開運カラーのアクセサリー 楽器	高級レストラン 都会的な空間 夕日が見えるホテル プラネタリウム コンサート
水	ブラック ダークパープル バイオレット ネイビーブルー ミッドナイトブルー	ガラス製品 水槽 クリスタル全般 透明なオブジェ 和風の小物	プール 海の見える場所 滝がある神社 マリンスポーツ 美術館

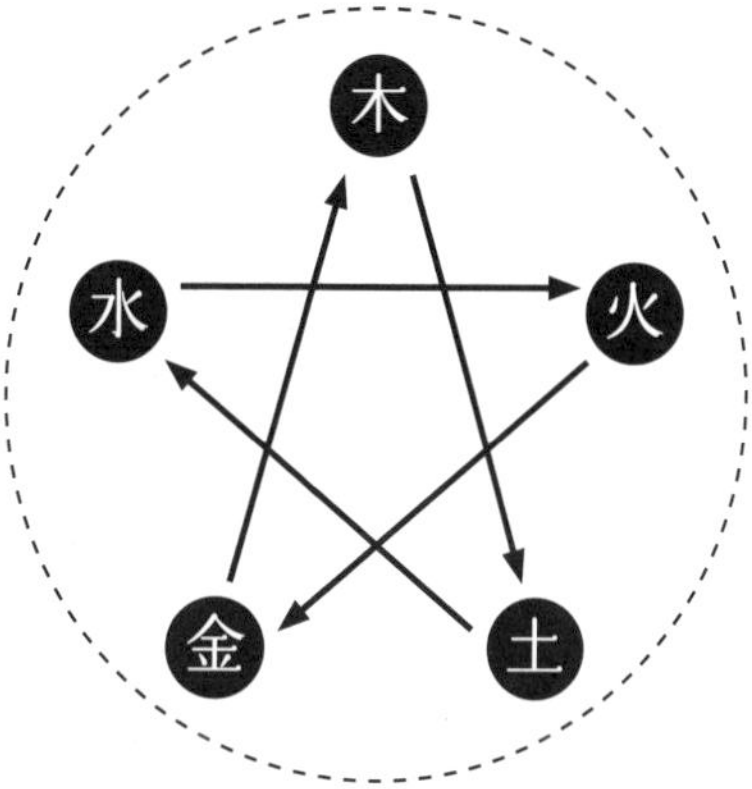

［五行開運フード］

【星が三つ以上ある場合】
気をつけるところ

酸味

木の病気

肝臓、首から上の病気に注意

木を高める食べ物

お酢の料理全般、ほうれん草、小松菜、レタス、ブロッコリー、アスパラガス、ミカン、リンゴ、イチゴ、梅

鹹《かん》味《み》

水の病気

腎臓、婦人科系、泌尿器系、アルコール中毒、糖尿病

水を高める食べ物

塩味全般、海藻、昆布、寒天、わかめ、のり、あさり、牡蠣、ちりめんじゃこ、魚介類、黒ゴマ、大豆、納豆、豆腐、パイナップル、キウイフルーツ

苦味

火の病気

循環器官、心臓、目、脳、大腸

火を高める食べ物

苦い珈琲など苦味全般、トマト、ニンジン、赤のパプリカ、春菊、セロリ、にがうり、スイカ、サクランボ、日本茶

辛味

金の病気

肺、菌、耳鼻科、皮膚、眼

金を高める食べ物

辛味全般、カレー、エスニック料理、韓国料理、しょうが、コショウ、ニンニク、わさび、白菜、玉ねぎ、大根、カブ、ニラ、肉類、桃、ブルーベリー

甘味

土の病気

胃腸、膵臓、ポリープ、癌、腫瘍、痔

土を高める食べ物

甘味全般、サツマイモ、ジャガイモ、トウモロコシ、カボチャ、蓮根、椎茸、栗、ピーナッツ、牛乳、チーズ、米、パン、うなぎ、ブドウ、バナナ

例題

結婚をしたい現在36歳太郎さん（男性）の命式表

良きパートナーのご縁がなく、結婚の時期を相談に来られた方の例題です。

五行図を見ると太郎さんの日干は（自分の星）は火を表します。金には星が一つもありません。金は財運・家庭運・宝・男性でいうと妻の位置に当たり、そこに星が一つもありません。

２０１７年２月から、婚活を始められました。流年比肩・月盤正官の時期でした。ご縁を強化するために、ゴールドのラッキーカラーの財布を購入。金の星を強めることで不足していた運気を上げることができます。その結果、２０１８年２月４日節分の日には、品の良いスカイグレーの財布を購入。

２０１８年の大運は正財・流年は傷官、７月食神の時期に婚活パーティーに参加

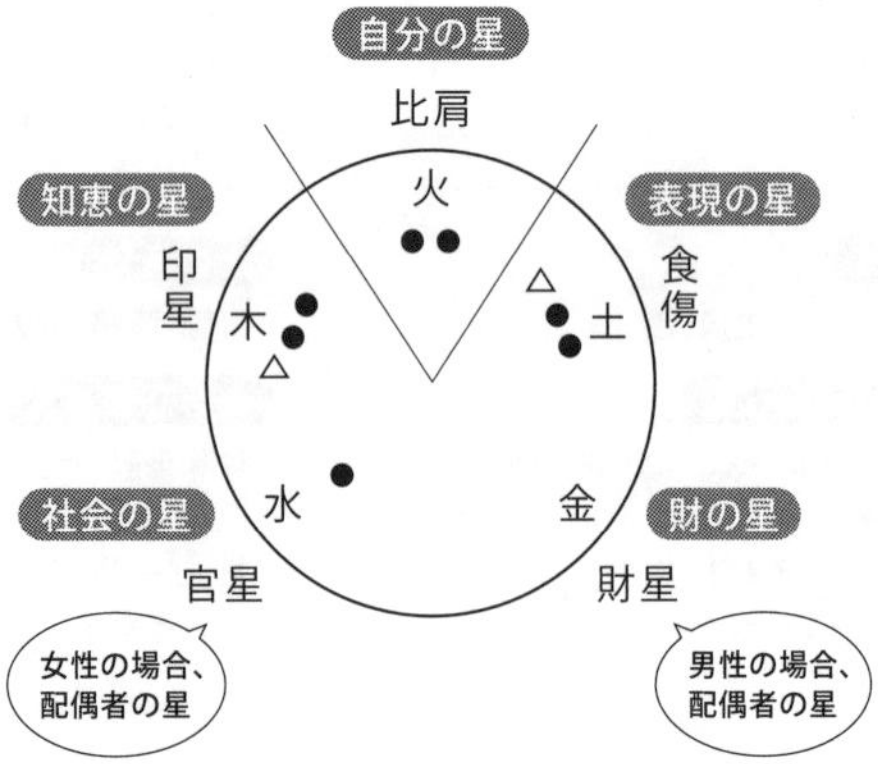

され、3歳年下の女性と出会い、5か月の交際を経て12月に婚約。元号が変わる2019年6月・月盤正財建禄の時期に結婚が決まりました。日時はこちらのアドバイスを伝えました。運の流れとラッキーアイテムの使用で良い結果を得ることができました。歴史の変わる年に一番に幸せをつかんだ例です。

開運法のまとめ

五行推命による開運法は、東洋の陰陽五行説の理論に基づいています。そしてバランスが整うことを良しとするその根拠に、気の流れをスムーズにする目的があります。木から火へ、火から土へ、土から金へ、金から水へ、水から木へと流れる五行、この循環が自然の気の流れです。

五行の気が多過ぎるところは流れが滞り、五行の気が少な過ぎるところは、流れを受け取り次につなげることができません。

「運気」とは、「気」が「運ばれる」と書きます。「運気が良くなるのはいつですか？」という質問があった場合、それは気の巡りが良くなる時を指します。日頃から積極的に気のバランスを整えようとする時は、先に紹介したラッキーアイテムやラッキーカラーといったものを意識的に取り入れていくとよいでしょう。

しかし、例えば結婚をしたいとか、希望の仕事に就きたいとか、職場の人間関係を良くしたいとか、試合に勝ちたいといった、明確に望むものがある場合、総合的に整えるのではなく、その望みに見合う五行を強めていく必要があります。

その時に大切なのは、「意念」を持つことです。「意念」とは、明確なイメージのことをいいます。ただ漠然と開運法を利用するのではなく、自主的な意思を持って行うようにしてください。

数年後、そういった幾人かの方々から、お礼のご連絡をいただく機会がありました。私はその時に、開運のカラクリというものを身を持って知らされました。

それは、開運法を使ったことにより、その人に最も適した未来をもたらしてくれていた、ということです。自分の能力・才能に適分しない方向に流されないのです。

例えば、お子様の就職試験合格のために吉方位に出かけ、ラッキーカラーのアイテムを身に着け、あらゆる開運法を試みたのに、希望の会社に合格できなかった方が、数年後、あの時あの会社に受からなくて本当によかった、子供の本当にやりたいことは、あの会社に入っていたらできていなかった、という結果になることがあるということです。

強く望めば何でも叶うという説も一理ありますが、自分に合わない望みを抱いている場合、その軌道修正もしてくれるのが、五行推命です。

まずは、安田式五行図で、ご自分を知ることから始めてください。そして、次に家族や友人など、身近な人とご自分の違いを把握してください。それができれば、周囲の希望に無理やり自分を合わせたり、自分の望みを周囲の人に強要したりといったことがなくなります。

自分に合うものは、やっていて楽しいので必ずわかります。辛いものが苦手なのに、金の五行を補わなければならないからと、我慢して辛いものを食べたりすると、それは逆効果です。金のアイテムは他にもたくさんあります。楽しくできるものをチョイスしてください。開運は修行ではありません。

日常の中で、自分に合うものを見つけていくのも、自分と向き合うために大切なことです。どうぞ、自分らしく、運を切り開いていってください。

終わりに

この本は、開運のためのヒントの書として五行推命を知っていただき、活用していただきたいという一心で書きまとめたものです。

私自身が五行推命に出会った19年前、この五行推命を知れば知るほどに、「こんなふうに星を出して、ここまで自分のことを知ることができるのか」と、毎日ワクワクしながら学んでいた時のことを懐かしく思い出します。

あの時の私の思いを、この本を通じて、皆様にもお伝えすることができたのであれば、とても嬉しく思います。

私は予々《かねがね》、占いというものは鑑定結果に一喜一憂するものではなく、上手に活かすことによってその人の運をより強く、よりパワーアップするものだとお伝えしてきました。

「あの人は運が良い」といわれる人は、私が鑑定して出会ってきた限り、いつも自分のことをよくわかっていて、そして自分にプラスになる人との出会いに恵まれていて、その出会いによって人間関係を構築し、自分の手で幸運をつかみ取っている人たちでした。

自分のことを知る人は、運を上げることもチャンスをつかむことも、すべてを可能に変えていくことができます。人は、自分の能力や才能を知り、その目標に向かえば、行動力が必ず生まれてくるのだと感じます。

人生に迷いが生じた時、「五行推命」は大きなヒントになります。ぜひスマホを片手に人生のヒントを手に入れていただきたいと思います。

この本が形になるに当たっては、多くの方にご協力をいただき感謝いたします。

まず出版のきっかけを作ってくださった、私の奇門遁甲（方位術）の師匠である黒門先生。

五行推命の師匠であり、今回監修をしてくださった中島学先生。

イラスト制作を担当してくださった岡田千央莉さん。

この本に「書」で息を吹き込んでくださった、小学校からの親友大久保心雅さん。

拙い私の文章に根気よくおつき合いくださった説話社の高木利幸さん。

ご尽力いただきましてありがとうございました。

本書では、基本的なことを中心に述べていますが、五行推命はまだまだ奥が深い運命学で、生涯にわたり学んでいただけるものだと思います。

今年は、天皇陛下御在位三十年の記念の年であり、そしてまた新天皇即位の慶祝の年であり、平成から令和へ改元もしました。歴史に残る年にこのような本が出版できたことを大変うれしく思います。また、皆様の開運のお役に立てることを願います。

令和元年5月　古木千凡

監修者あとがき

私と古木千凡先生との出会いは、19年ほど前になるでしょうか。

古木先生を譬《たと》えるならば「黄金に輝く飛龍が如く」と申し上げることができるかもしれません。大変エネルギッシュで、今日まで多くの方を魅了してこられました。

出会った年の干支が暗示していたのかもしれません。

私は当時、故安田靖先生の門弟として、安田流四柱推命（五行推命）を教えていました。千凡先生より電話で受講希望の依頼はあったものの、その年私は、プログラマーとして占術ソフトの開発に忙しく、余裕もなかったため、新たな教室開設には消極的でしたが、古木先生の熱意と圧力？　に負けて、教えることになった次第です。

古木先生は、推命の前に気学と姓名判断を習得されていて、既にセミプロとして鑑定実践もされていましたし、当然、推命は初心者とはいえ、占いのセンスは抜群でした。そこに、占術界最強とされる四柱推命の門を叩かれたのです。

本文中でも、五行推命について語られていますが、若干、この場をお借りして、補足説明をさせていただこうと思います。

安田流の源流は、昭和期「東の高木乗《じょう》、西の阿部泰山」といわれた初代高木乗です。初代は関東大震災を予言し、一躍有名となった天才的推命家でしたが、さらに「日本は昭和20年の8月前半に負ける」と敗戦を予言し、官憲から睨《にら》まれたものでした。

昭和33年のことです。安田靖先生は建築家として、会社を経営していましたが、ある日、縁あって高木乗門下の俊英・西村龍生《りゅうせい》先生の鑑定を受けられました。「今年の夏に未収金が入る。それで、会社を畳《たた》みなさい。でないと、10月に不渡りが出ますよ」と。それが当たってしまったのですね。西村先生の予言通りになりました。それが安田先生と四柱推命との出会いです。

初代高木乗は昭和随一の鑑定家でした。安田靖先生も、知る人ぞ知る鑑定家として、政財界・芸能界に名が知れた存在でした。

ところで、安田先生が多くの門弟の中で、短期間に高木乗に並ぶ程の鑑定家となられたのは、一体、何故でしょうか。もちろん、先生の資質もあるでしょう。しかし、ここにはある秘密、理由があったのです。

高木乗が鑑定の秘訣として、秘中の秘ともいえる脳中の秘術を受け継ぐことができたからだといって過言ではありません。

その達人の秘伝とは、五行の活用法でした。それも、従来のような点と点、線と線を結ぶような五行ではなく、命式に所現する五行をトータルに把握し、バランスの如何《いかん》を深く読み解くことにあります。

その達人脳中不見の秘事を「見える化」し得たのが「安田式五行図」だったのです（「安田式五行図」には著作権があります。273ページ参照）。

安田先生は生前、こういう趣旨の話をされていました。

「干支や通変のみを使った推命から、この図を使って、五行のバランスとその太過不及、相生相尅を読む推命にシフトしたことで、飛躍的に的中率が上がったんだよ」と。

従来の推命の難解さは、四柱・八字の干支・通変を複雑に解釈しながら、身の旺弱、用神《ようじん》とその喜忌、仇休、格局等をかなり高度な知識とコツを使って、算定しなければならないことにありました。要《かなめ》の一つ「用神」をとってみても、実は、流派によって概念も定義もかなり違っているのが実状なのです。

高木乗という達人が至ったこの術の奥秘は、地支偏重ではなく、天干を重んじる方向にシフトしていますが、さらに個々の、部分部分の星や五行でもなく、命式全体の五行を包括的に把握し、その五行のバランスから、命式の特徴点、すなわち従来、用神や喜神忌神《きじんいむかみ》とされていたポイントを把握することにあります。それを高木乗は見えない所、頭の中でやっていたのですね。安田先生はそのことに気がつかれました。

安田先生は建築家でしたから図面が描けます。そんな先生だからこそ、目に見えない達人脳中の秘術を、わかりやすく「見える化」することができたのかもしれません。

安田式の五行図を出せば、特徴が一目瞭然です。それも従来複雑な手続きを経て初めて得られた結論が、見えてしまうのです。

例えば、印星に星（●や△）が数多くあれば、多印性といって、考える星が多過ぎることが一見してわかります。他に行動力の星が無ければ、「ああ、この人は考えてばかりいる人、即ち迷いが多く優柔不断になりがちだな」と、直ぐにわかります。

実際のプロの判断は、他の要素も加味しますので、それほど単純ではありませんが、初心者の方でも、ポイントを即座に把握することができるのです。ある程度の判断が可能なのです。だからこそ自分の本質が見えてくる。

インドの寓話に「群盲撫象《ぐんもうぶぞう》」という譬《たと》えがあります。盲人達は自分が触った部分がすべてだと思って、象とはこうだと主張しますが、これでは本当の象はわかりません。目の見える人が象の全体をトータルに把握して、初めて、象とは何かが明らかになるのです。

四柱推命も同様です。部分的な星を論《あげつら》っても全体像は見えてきません。俯瞰し全体を見える化することで、自ずから人物像も浮かび上がってくるものです。

近年、四柱推命の世界では「五行のバランス」という言葉がキーワードになっています。そして五行を数値化したり、それぞれ工夫して五行のバランスを解析、身の旺弱や用神等を算出する傾向にあります。ただ、残念なことは、せっかく、五行を数値化しバランスを査定しても、それは用神等のある特定の星を出すための手段にすぎない場合が多いということです。

私たちの五行推命はそうではありません。

五行のバランスの中にこそ、その人の本質や性格、才能、運勢など、持って生まれたポテンシャルが如実に現れていると考えられてます。

仏教の教えにも「如実知自心《にょじつちじしん》」とありますが、本書の主題、あらゆる情報が、ここには詰まっています。従来のように、抽象的で部分的な性格判断ではありません。また、特定の星のイメージを膨らませただけの判断でもありません。

五行図を活用することで、あたかも、ホログラムの初音ミクのように、人物像が具象的に浮かび上がって来るのです。

皆様も、五行推命を是非とも体験してみてください。

もし、本書をきっかけに、皆様の人生が、より良い方向へ開かれるとしたならば、著者と監修者にとって幸甚の至りです。

2018年2月吉日　五行推命学研究会　中島　学

商標権について（五行推命）

「五行推命」は商標登録がなされています。２０１８年までは、故安田靖名義で登録がなされていましたが、２０１９年以降は、安田肇氏が商標権を有しています。無断で使用することはできません。

著作権について（安田式五行図）

「安田式五行図」は、故安田靖先生が独自に考案されたものです。従いまして「安田式五行図」の著作権は、故安田靖先生に帰属していました。平成26年12月18日に先生はお亡くなりになりました。ご長男であられる安田肇氏（五行推命学研究会会長）が安田家を代表し、現在、五行推命学研究会が、その著作権を管理しています。

「安田式五行図」の使用に関しましては、命式の一部を構成するという性格上、私的に本五行図を使用することは、権利に抵触しませんが、業務として本図を使用される場合には、安田家および五行推命学研究会の許可が必要です。

なお、年会費を納入され、五行推命学研究会会員の有資格者（教部・教範）は、公的にも業務として本図を使用することが認められています。詳しくは、五行推命学研究会事務局までお問い合わせください。

日本推命学研究会・副会長　中島　学

五行推命学研究会事務局

〒252-0322

神奈川県相模原市相武台団地2-2-10-31

代表：安田肇

電話番号：046-253-2547

HP：https://www.gogyou-suimei.com

運命鑑定師　古木千凡《ふるきちぼん》

岐阜県で生まれる。

1978年　独学で姓名学を学ぶ。

1992年　運命学（四柱推命、五行学、九星気学、家相（風水））を学ぶ。

1998年　◇各種イベント開催・関連メイク・新春初占い・学園祭（名古屋ビジネス学院）・朝日週刊誌、名古屋雑誌ケリー・増刊号に掲載。

2000年　五行推命学研究会副会長・中島学師の指導を受ける。

2001年　（社団法人）「日本易学連合会」鑑定士章を取得。
奇門進甲の占術研究者「黒門氏」の指導を受け開運方位術を伝授。

2003年　五星術実研究会（四柱推命）教師・師範を取得。

2004年　◇セミナー活動テーマ：“強運で美しくなりたいあなたに……”
◇東京・丸の内・バージョンUPセミナー・強運UP講座
◇環境大学（五行学セミナー）・自分を知る五行学のすすめ

2010年　◇銀座（産経学園）にて
「子供の能力を高める母親セミナー」、「働く女性対象セミナー」

2011年　◇婚活パーティーイベント活動
（名古屋キャッスルホテル、ウエスティンホテルにて）

2013年　◇中島多加仁師に紫微斗数の指導を受ける。

2014年　◇開運ツアーイベント開催。

2015年　◇紫微斗数&五行推命初級講座始める。

2016年　◇実業家におけるチャンスのつかみ方（名古屋）
◇自分のチャンスを最短でつかむ方法（九州）
◇長所・短所の見つめ方
◇9月『人間の運は人間関係にあり』（紫微斗数）出版

自分《じぶん》を知《し》る開運術《かいうんじゅつ》　五行推命《ごぎょうすいめい》

2019年5月24日　初版発行

著　者　　古木千凡
監　修　　中島学
発行者　　酒井文人
発行所　　株式会社　説話社
〒169-8077　東京都新宿区西早稲田1-1-6
電話　03-3204-8288（販売）　03-3204-5185（編集）
振替口座　00160-8-69378
URL　http://www.setsuwasha.com/

イラスト　　岡田千央莉
書　　大久保心雅
デザイン　　遠藤亜矢子
編集担当　　高木利幸
印刷・製本　　中央精版印刷株式会社

ISBN 978-4-906828-54-8 C2011